JABARI CLARKE

RASTAFARI KOCHBUCH

Die leckersten Ital Rastafari Rezepte für jeden Geschmack und Anlass

Email: info@edition-jt.de
www.edition-jt.de

JT Handels UG
Berumer Str. 44
26844 Jemgum

Vorwort

Mit dem visionären Blick auf die eigene Gesundheit lassen sich einige kulinarische Gaumenfreuden schenken. Zudem werden über die Zeit betrachtet viele Krankheitsbilder durch eine ungesunde und übermäßige Ernährung gefördert. Doch dies weiß zu vermeiden, wer möglichst frühzeitig auf die Power der Natur und damit auf eine vegane Ernährung setzt. Gemäß dem Motto, der Körper sei der ganz persönliche Tempel, verspricht die Ital-Küche viel Potenzial. Frische Zubereitung und möglichst naturbelassene Zutaten versprechen die pure Energie und Kraft in jeder Faser. Ohne Fertiggerichte behält man sich obendrein das Wissen um Inhaltsstoffe. Leere Kalorien und ausgewaschene Industrieprodukte – schnelle Pseudosattmacher und genauso rasche Hungerattackentreiber – gehören der Vergangenheit an. Dies schützt unter anderem vor einem Übermaß an Nahrungsaufnahme, die gar nicht notwendig ist. Es bedarf nur der richtigen Nahrungsmittel und deren Zubereitung, um sich für den Tag mit seinen vielseitigen Herausforderungen ganzheitlich zu wappnen. Die leichten Rezepte in diesem Rastafari-Kochbuch offenbaren entspannten Genießern wie arbeitsamen Werktätigen Leichtigkeit und dabei kraftvollen Gehalt. Ital ist Vital – und wer sich vegan ernährt, isst gesund!

Guten Appetit!

INHALT

Ital- Ernährungsweise als Grundlage

Zwei bis drei größere Mahlzeiten verspeisen wir jeden Tag – und dies gewöhnlich in Form von Fertiggerichten und TK-Kost. Viel zu viele Konservierungsstoffe und Geschmacksverstärker begleiten uns daher über die Jahrzehnte. Oft stehen der Aufwand sowie die Erfahrung als oft selbst benannte Hürden im Weg einer gesunden Ernährung. Doch hier liegt ein Irrtum zugrunde: Die Rezepte in diesem Ital-Kochbuch werden aufzeigen, dass es nicht viel Zeit- oder Arbeitsaufwand für ausgefallene, alltägliche und geschmackvolle Speisen bedarf. Und auch die für eine Zubereitung benötigten Utensilien halten sich in einem übersichtlichen Rahmen. Wer den Einstieg in die Kochkunst der Rastafari wagt, wird schnell erkennen, wie unkompliziert die meisten Rezepte umzusetzen sind. Laien sowie Küchenchefs werden gleichermaßen von den Mahlzeiten begeistert sein. Und die frischen Zutaten der Ital-Ernährungsphilosophie versprechen nicht nur den außergewöhnlichen Geschmack, sondern auch die notwendige Power für einen produktiven Tag. Die Vorschläge im Kochbuch sollen dabei auch Inspiration sein! Viele Zutaten innerhalb der Rezepte lassen sich spielend einfach ebenso auf ein anderes übertragen. Somit werden dem Kochbegeisterten mehr als die im Inhaltsverzeichnis aufgeführten 100 Rezepte offenbart. Das Ital-Kochbuch dient nicht nur zum Kennenlernen einer eindrucksvollen und abwechslungsreichen Küche, sondern lädt nunmehr auch zum Ausprobieren neuer Lieblingsgerichte ein. Die vegane Küche der Rastafari ist als Teil einer Bewegung in die Welt getragen worden. Sie erweist sich jedoch als eigenständig genug, um mittels Abwechslungsreichtum, Power aus der Natur und außergewöhnlichen Geschmackserlebnissen ganz klar bei verschiedenen Menschen auf unterschiedlichen Kontinenten zu punkten. Und jetzt darf sich gern davon überzeugt werden!

Die Rastafari-Bewegung – ein Einblick

Richtet sich der Blick auf die vegetarisch ausgerichtete Ital-Ernährung, muss der Fokus ebenso auf die Geschichte Jamaikas und den Ursprung der Rastafari-Bewegung gelenkt werden.

JAMAIKAS HISTORIE

Als begehrte Kolonie

Seit der Entdeckung der Karibik durch Christoph Kolumbus entfachte die Brücke zwischen der Alten und Neuen Welt stets große Begierde – nicht nur, aber auch wegen mancher Ressourcen. Nach 150 Jahren spanischer Dominanz und dem Vertrag von Tordesillas – der Südamerika in einen westlichen, spanischen sowie einen östlichen, portugiesischen Teil trennte – konnten die Spanier das Seegebiet des Atlantiks für ihren Sklavenhandel zwischen Afrika und Amerika nicht mehr nutzen. Die Karibik samt Jamaika galt nun im Wettstreit zwischen Frankreich, England und Holland als das neue Traumziel. Um es den neuen Invasoren möglichst kompliziert zu gestalten, schenkten die

Spanier vielen Einheimischen ihre Freiheit im Gegenzug zu einer gewünschten und anfänglich geförderten Widerstandsbewegung. Durch die Machtergreifung von Oliver Cromwell in England wurde der Plan der Erweiterung gen Amerika, sein Western Design, forciert. Als Maroons – zivile kleine Gruppen mit militanten Anlagen – gingen die Jamaikaner immer wieder in Schüben gegen die Briten vor. Insbesondere die Verlockung des immer beliebter werdenden Rohstoffes Zucker leitete die Aufmerksamkeit der europäischen Herrscherhäuser nach Jamaika. Immer wieder wurden dafür sogenannte Buccaneers eingesetzt – Piraten, die anders als in den meisten Hollywoodfilmen als geduldete Freibeuter unter Vertrag standen. Sie sicherten einerseits die eigene Vormachtstellung und erzeugten andererseits in der Ferne gegen Konkurrenten stetig den benötigten Gegenwind.

Mit dem Amerikanischen Unabhängigkeitskrieg kam nach ersten Sklavenjahrzehnten der erste merkliche Sturz des Zuckerpreises. Auch aufgrund des Exportverbots auf das amerikanische Festland litten die Einwohner unter Hungersnot und Elend – es sei denn, man verfügte selbst über eine der Farmen und gehörte der oberen Schicht an. Der simple Bezug wertvoller Rohstoffe förderte bis zum 1807 vom englischen Parlament beschlossenen Sklavenhandelsverbot miserable Zustände der ansässigen Bevölkerung. So kam es vermehrt zu Sklavenaufständen und einem neuen Fokus: christliche Missionierung. Diese Unternehmungen sorgten schließlich für den Grundgedanken der Sklavenbefreiung, aber vielmehr für die religiöse Verankerung in der heute noch aktiven Rastafari-Bewegung.

Freiheit für Jamaika

Bevor die Rastafaris an Bedeutung gewannen, nutzten sie in den 1930er Jahren vorwiegend Gerichtsprozesse als öffentliche Reden. Dies blieb von der Presse natürlich nicht unbemerkt. In den 1940er Jahren gewannen die Rastafaris folglich eine gesteigerte politische Relevanz. In den ersten Jahren sorgte die 1941 von Leonard P. Howell gegründete Pinnacle-Kommune für Aufsehen. Eine eigene Gesetzgebung, so etwas wie ein Ansatz einer Krankenversicherung und die Ablehnung der Steuern an Jamaika und Großbritannien signalisierten eine Art Unabhängigkeitsphilosophie. Ein eigener Polizeiapparat sorgte des Öfteren für Reibereien zwischen staatlichen Polizisten und denen der Kommune. Des Weiteren war der Bedeutungsgewinn dieser noch jungen Bewegung einem Beitrag Sylvia Pankhursts in der New Times and Ethiopia News über die Gesellschaft und den ostafrikanischen Staat selbst zu verdanken. Politische Ambitionen wurden nunmehr mit der panafrikanischen Bewegung vernetzt.

Trotz vieler Reformen über die Zeit stellten sich die permanente Geldnot und damit auch eine Lebensnot der Einwohner als stete Begleiter heraus. Viele Versprechungen führten zu häufigen Wechseln an der Führungsspitze der Kolonie – doch die Sorgen blieben. Demonstrationen und Barrikaden waren an der Tagesordnung – der Beginn der eigentlichen Rastafari-Bewegung. Und immer mehr zeichnete sich der aktive Geldverleiher Alexander Bustamante als der Anführer und Sprecher dieses Volksbegehrens ab. Dies mobilisierte immer mehr Einwohner zum aktiven Widerstand. Und so entwickelte sich beispielsweise Marcus Garvey zum Kämpfer für mehr Rechte der Einheimischen. 1944 folgte aus den steten Bemühungen dann das allgemeine Wahlrecht.

Doch erst in den 1950er Jahren entstand die organisierte Bewegung samt Demonstrationen sowie Versammlungen. Die People‘s National Party (PNP) galt in dieser Zeit als das politische Flaggschiff einer angestrebten neuen Ordnung. Aber auch die gewählten Sozialdemokraten der hiesigen PNP orientierten sich im Nachhinein nicht an der jamaikanischen Gemeinschaft, mehr an dem Aufstieg der Mittelklasse. Auf der anderen Seite sahen die Vertreter der zweiten Partei – Jamaica Labour Party (JLP) – die oben beschriebene Kommune als Staatsgefahr. Als Alexander Bustamante Anfang der 1950er Jahre zu deren Vorzeigepolitiker und bald Chief Minister wurde, sorgte er für die Auflösung dieser Gruppierung. Danach begannen Jamaika als Staat und die inländische Bewegung, sich ein Stück weit anzunähern. Unterstützt wurde diese Anbandelung durch eine University-of-the-West-Indies-Studie, die den

Rastafari eine Legitimation als Gesellschaftsgruppierung beimaß. Und dann kam Bob Marley – die 1970er Jahre waren stark von seiner Präsenz geprägt. Er schenkte den Rastafaris regelrecht ein neues Selbstbewusstsein und natürlich eine große, globale Bühne.

Das in England ausgebildete Bildungsbürgertum erarbeitete sich derweil das Vertrauen und die damit einhergehende Macht. Jedoch hielt sich diese Führungsetage an die im Exil gewonnenen Erfahrungen des britischen Empire, anstatt ein eigenes Staatskonzept herauszuarbeiten. Importe von preisintensivem Schweröl anstatt der Nutzung der vielen abwärts strömenden Flüsse für die Energieversorgung brachten exemplarisch neue Abhängigkeiten. Dazu trugen schlechte Vertragskonditionen hinsichtlich Rohstofflieferungen mit Kooperationsländern ebenso unter eigener Führung mehr Leid als Freud.

RASTAFARI ALS BEFREIUNGSBEWEGUNG

Entstehung des Rastafarismus

In den Armenvierteln von Jamaika brodelte nicht nur Unmut, sondern in manchem auch Schande über ein so trostloses, von außen diktiertes Leben. Dies reicht bis zu den 1920er Jahren zurück, als ähnlich denkende Jamaikaner sich immer wieder trafen und einige Aktionen in der Öffentlichkeit versuchten. Mit der Ernennung des neuen Kaisers in Äthiopien 1930 bekam diese Bewegung dann einen entscheidenden neuen Impuls. In Haile Selassie – der bis 1974 äthiopischer Kaiser war – sehen die Rastafaris noch heute die Inkarnation Gottes auf der Erde. Im fünften Kapitel des Buches der Offenbarung wird er als „... Löwe aus dem Stamme Juda ...“ namentlich erwähnt – der Messias hatte sich nicht nur als Fixbild im Religionskosmos, sondern sich ihnen in der Wirklichkeit präsentiert. Sie entnahmen der Bibel, dass Äthiopien das „Gelobte Land“ sei. Anders als bei den großen Weltreligionen sehen die Rastafaris die Reinkarnation des göttlichen Boten bereits als erfüllt an. Garveys Thesen gegen Ausbeutung, Rassismus und anderer Aspekte musterten sich im Einklang mit ausgesuchten Bibelstellen schnell zu einer Art eigener Religion. Die Bezeichnung Rastafari geht daher auch auf diese lebende Ikone zurück, hieß der Prinz doch Ras Täfäri. Obwohl er diese Anforderungen an seine Person nicht öffentlich kommunizierte, stand dieser Staatsträger für die Einigung der Menschen im Sinne des christlichen Bewusstseins. Daher zeichnen sich Rastafari auch heute noch mit Offenheit, Zugänglichkeit und genereller Freundlichkeit aus.

Mit dem Wort Rastafari wird gern eine antikoloniale Glaubensbewegung verbunden, wobei das Wort „Religion“ eher nicht zu ihrem Sprachgebrauch gehört. Dennoch zeichnet sich eine enge Bindung an Gott sowie die Bibel ab. Ohne den Bezug auf ein kirchliches System samt Dogmen entfaltet sich in diesem Gedanken ein moderner Lifestyle mit Gott. Anstatt die Farben Grün, Gold und Schwarz – die Farben der eigenen Nationalflagge – zu vertreten, werden die Rastas durch die Farbkombination Rot, Gold und Grün zu erkennen sein. Diese Farben stehen hierbei für bestimmte Symboliken. Während das Märtyrerblut rot strahlt, weist das Gold (oder Gelb) auf den afrikanischen Reichtum hin. Mit dem Fokus auf die Vegetation und der Hoffnung auf die Rückkehr schließt die Farbe Grün die Symbolik ab. Und jetzt ist schon einfach zu erkennen: Die Farbgebung korreliert stark mit Staatsfarben von Äthiopien – ehemals Abessinien. Die Rastafaris betrachten dies als ihre mystische Heimat. Wiederum geht diese Überzeugung auf eine Aussage Marcus Garveys als Repräsentant der Back-to-Africa-Bewegung aus dem Jahr 1927 zurück. In dieser lautet es: „Seht nach Afrika, wenn dort ein schwarzer König gekrönt wird, so wird das Euer Messias sein und Eure Befreiung nahe sein.“ Und diese Prophezeiung sollte sich mit dem Lij-a Ras Täfärí Mäkonnen, dem neuen Kaiser Haile Selassie I., erfüllen. Aus diesem Grund sprechen die Anhänger der Rastafari-Bewegung auch amharisch – die wichtigste Sprache in diesem ostafrikanischen Land. In der amharischen Sprache kommt das Wort „Ras“ der deutschen Bedeutung „Kopf" gleich. Die Bezeichnung offenbart somit einen entsprechend hohen Titel am Kaiserhof Äthiopiens und konnte nur vom Kaiser selbst verliehen werden. Die Benennung entspricht etwa einem Herzog.

Der Bezug zum afrikanischen Kontinent wird bei genauerer Betrachtung noch konkreter. Denn es ging den ersten Generationen der Rastafari nicht nur um ihre Befreiung und die Loslösung ihrer Brüder und Schwestern von Sklaverei und katastrophalen Lebensbedingungen durch Unterdrückung. Ein zentrales Anliegen war auch die Wiederkehr in ihre ursprüngliche Heimat – nach Afrika. Die Rückkehr aus babylonischem Exil und der Auszug aus Ägypten werden als biblische Passagen gern zum Vor- und Sinnbild auserkoren. Heutzutage ziehen insbesondere die antirassistischen und antikolonialen Tugenden Menschen zum Rastafari. Ideelle Gedanken gegen Ausbeutung, Versklavung sowie Vernichtung führen Rastafari aus aller Welt zusammen.

Gemeinschaftliche Lebensphilosophie

Anders als in manch populärer Auffassung alternativer Bemühungen handelt es sich beim Rastafarismus aber nicht um eine Popsubkultur, sondern um eine Art Lebensphilosophie. Dazu zählen ein paar gemeinschaftliche Rituale:

Chanting – Dies beschreibt das gemeinschaftliche Musizieren. Primär handelt es sich um thematisiertes Singen. Ohne ein paralleles Trommeln ist dies gar nicht wirklich vorstellbar.

Reasoning – Hierbei handelt es sich um eine intensive Frage-Antwort-Auszeit in der Gruppe. Es werden Fragen zum Leben, dem Sinn und der Motivation gestellt und gemeinsam beantwortet. Dank einer offenen Grundcharakteristik spielt sich dieses Reasoning zum Verständnis der Beweggründe immer öfter auch mit Nichtrastas oder anderen Glaubensbrüdern und -schwestern ab. Der Fokus dreht sich nun aber nicht um eine Überzeugungsmission, sondern um das gemeinschaftliche Lernen und Für-Sich-Selbst-Erkennen. Es geht den Beteiligten nicht um richtig oder falsch.

Wie im Folgenden aufgezeigt werden soll, handelt es sich beim Gras kiffenden Dreadlock lediglich um eine Schublade, die leider aufgrund mangelnden Kontakts als oberflächlicher Stenotyp und als Vorurteil immer noch existiert. Die große Mütze über dem Kopf lässt manches Abwenden kursieren. Obwohl Bischofsmütze, Kippa und orthodoxes Kopftuch aus religiösen Aspekten als Kopfbedeckung bekannt sind, bleibt bei der Rastastrickmütze eine eher despektierliche Meinung zurück. Aber was charakterisiert die Rastafaris denn genau? Um gleich einmal auf die Dreadlocks zu sprechen zu kommen, symbolisieren sie die Mächtigkeit und Eleganz des majestätischen Löwen. Andererseits fungiert diese Haarpracht gleichzeitig als Abgrenzung zu einem Schönheitsideal aus westlichen Industrienationen – ehemaligen Besatzern der Karibik. Des Weiteren bezieht sich die Bewegung bekanntlich auf einzelne Bibelstellen. Dort heißt es beispielsweise, man solle sich das Haar nicht schneiden – ebenso ein Punkt für Dreadlocks. Biblische Bezüge stellt die Bewegung insbesondere zur Johannes-Offenbarung und der äthiopischen Bibel her. Für Letztere gelten das Buch der Jubiläen, Kebra Negest sowie das Äthiopische Henochbuch als Impulse. Und auch aus den Texten von Leonard P. Howell („The Promised Key“) und Robert Athlyi Rogers („Holy Piby“) ziehen die Rastafaris wertvolle Glaubenserkenntnisse.

Natürlich spielt Reggae eine besondere Bedeutung. Wie vergleichbare Chants von anderswo unterdrückten Bevölkerungsschichten symbolisieren die Lieder die Zusammengehörigkeit, das Wir-Gefühl und damit nicht nur in der schweren Anfangszeit der Entstehung dieser Bewegung Motivation. Mit dem Erwachen weltbekannter Musiker wie Peter Tosh, Jimmy Cliff sowie selbstredend Bob Marley schafften sie eine Akzeptanz in der Mittelschicht und dies führte zur heutigen Daseinsberechtigung im eigenen Land. Da ist es nur von Vorteil, dass einer der weltbekannten Musiker – Bob Marley – zu ihnen gehörte und Rastafari vor allem eine gelebte Bühne gab. Wer auf einem seiner Konzerte Gast war, hörte als Einstieg des besonderen Events stets die Worte „Greetings in the name of his imperial majesty emperor Haile Selassie

I the first – Jah Rastafari.“ (deutsch: „Seid gegrüßt im Namen von Kaiser Haile Selassie, dem Gott Rastafari!“)

Mit diesem neuen Selbstwertgefühl bekamen die Rastafaris eine immer größere Präsenz – aktuell werden sie global und von verschiedensten Kulturkreisen vertreten. Neben der gemeinschaftlichen Auslegung des Christentums und dem Gedanken einer Einheit unter Gottes Kindern fand auch eine weitere Säule des Rastafarismus in die weite Welt – deren Ernährungsphilosophie Ital ... und darum geht es schließlich in diesem Kochbuch ...

Ital – eine vegane Ernährungsform

Die Rastafari-Bewegung hat einen heutzutage als eigenständig geltenden Ernährungs- und Lebensstil herausgebildet. Dieser unterliegt einigen wenigen, aber konsequenten Regeln. „Richtige Rastas" verwässern diese Richtlinien aus vergangenen Tagen auch nicht in der modernen Welt. Dazu zählen unter anderem diese grundlegenden Regeln:

1. Ital ist eine vegane Ernährungsbewegung – tierische Produkte sind daher tabu.
2. Für die spirituelle Berührung mit der Natur wird auf Alkohol verzichtet.
3. Drogen als Abhängigkeitsmedium sind tabu – Marihuana als Bewusstseinserweiterung bekommt einen inspirierenden Sonderstatus.

Neben der Ablehnung von Tabak sowie Alkohol gelten auch die im 3. Buch Mose (Levitikus) als verbotene Speisen deklarierten Genüsse als Sünden. Des Weiteren besteht ein sehr enger Bezug zum 1. Buch Mose. Darin steht geschrieben: „Und Gott sprach: Siehe, ich habe euch alles samentragende Kraut gegeben, das auf der Fläche der ganzen Erde ist, und jeden Baum, an dem samentragende Baumfrucht ist: es soll euch zur Nahrung dienen." (1 Mos 1,29 LUT)

Mit dem Gedanken einer ursprünglichen Ernährung von Früchten und Kräutern versuchen die Rastafaris, eine Verbindung zur göttlichen Natur zu zelebrieren. Daher sind tierische Konsumgüter und spezielle Lebensmittel, wie beispielsweise Salz, strikt untersagt. Diese Verbundenheit wird auch beim Philosophieren in Debatten (Reasoning) aktiv genutzt. Auf rituelle Weise binden die Rastas ihr Ganja (Cannabis) in den Alltag ein. Auch hierfür gibt es eine biblische Quelle: „... die Blätter der Bäume dienen zur Heilung der Völker ...“ (Offb 22,2 LUT)

Nähert man sich von der sprachlichen Seite der Bezeichnung Ital, kommt man an der eigenen Sprache der Rastafari, Patois, nicht vorbei. Die Einheit einzelner Individuen miteinander sowie mit Gott wird durch die Vermeidung eines separaten Ausdrucks für „Du“ gewahrt. Das I bedeutet gleichzeitig „Ich“ und „Wir“. Zudem steht es als Bezug zum Titel von Haile Selassie – die Verkörperung von „Eins“. Wörter werden daher gern abgewandelt und mit einem „I“ versehen – Idren anstatt Bredren für Brüder oder bei der Ernährung Ital anstatt das globale Vital. Darunter versteht nicht nur der Jamaikaner eine besonders ökologisch wertvolle Ernährung. Denn die Ernährungsphilosophie der Rastafaris offenbart einen natürlichen Bezug und damit verbunden auch eine energiehaltige und gesunde Nahrungsmittelzufuhr.

Gemäß der Philosophie, der eigene Körper sei ein Tempel, achten Rastafaris auf eine ausgewogene Ernährung. Diese richtet ihren Fokus auf eine rein vegane Auslegung der Speisung und auf abwechslungsreiche Kost aus Frucht und Gemüse. Zu den favorisierten Nahrungsmitteln gehören folgende Zutaten:

- Ackee
- Ananas
- Bananen
- Brotfrüchte
- Callaloo
- Erbsen
- Jackfrucht

- Kokosnüsse
- Mangos
- Reis

Die Speisenzubereitung erfolgt dabei auf sehr natürliche Weise. Auch die Würzung erweist sich als eigen, aber nicht zu speziell. Denn Rastafaris würzen mit Pfeffer sowie anderen Gewürzen – nur nicht mit Salz und auch nicht mit industrialisiertem Zucker (natürlicher Zucker ist ausreichend in Früchten enthalten). Auf rotes Fleisch gilt es, gänzlich zu verzichten. In der Regel werden ebenso Meerestiere und Krustentiere verschont. Generell lässt sich feststellen, dass die Lebensmittel weniger umfangreich verarbeitet und eher natürlich kombiniert werden.

Als Getränke dient den Anhängern dieser Bewegung anstatt einer Auswahl an alkoholischen Getränken lieber das reinigende Wasser für die Klarheit der Seele. Selbstredend ist ebenfalls die Zubereitung von Tees genehmigt. Energie in flüssiger Form nehmen die Rastafaris alternativ durch frisch angerichtete Säfte zu sich.

Neben dem eigenen heiligen Tempel sehen die Rastafaris die Natur und ihre Lebewesen als gleich wertvoll an. Naturschutz und der Schatz von Artenvielfalt sind in dieser Bewegung einfach verankert. Der Balance zwischen dem Menschen und der Natur in seinem Umfeld wird eine bedeutende Relevanz beigemessen. In der Konsequenz zeichnen sich Rastafaris in der Regel als mindestens teilweise, oft als Selbstversorger aus. Und da Pflanzen sowie Kräuter als Medizin angesehen werden, scheint der kulinarische Fokus rund um den Verzehr veganer Gerichte mehr als logisch.

Zudem gilt Industrienahrung als unrein. Raffinade, Mischungen mit Konservierungs- sowie Aromastoffen sind daher ebenso tabu. Chemische und industrielle Verarbeitungen zerstören die großen Vorzüge der zahlreichen Inhaltsstoffe verschiedener Früchte und Gemüsesorten und waschen ihre Energiewerte regelrecht aus. Oft wird daher auch von leeren Kalorien gesprochen, welche schnell ein Sättigungsgefühl, aber bald schon wieder Heißhunger verursachen. Die üblichen gesellschaftlichen Folgen sind eine übermäßige Ernährung und gesundheitliche Beschwerden – dies wird mit einer veganen Ernährung nachweislich vermieden.

Insbesondere die möglichst naturbelassenen Zutaten fallen bei den Ital-Rezepten auf. Geschmacksvielfalt und -intensität werden nun einmal durch eine schonende Zubereitung und ohne vorgefertigte Produkte gefördert.

Schließlich gilt die Ernährung als die generelle Essenz für die eigene Lebenskraft und Vitalität von Körper und Seele. Und dennoch ernähren sich Rastafaris unterschiedlich strikt. Dies hängt mit den Vorgaben der einzelnen „Mansions" (separate Gruppierungen) zusammen. Der Speiseplan variiert daher. Aber auf grundlegende Richtlinien einigen sich sämtliche Rastafari-Gruppen:

Kein Alkohol
Kein Tabak
Kein Koffein
Kein Soda
Keine tierischen Produkte
Keine verarbeiteten Lebensmittel
Kein Salz

Gerade hinsichtlich des letzten Aspekts stehen einige Mansions dem offener gegenüber. So lässt sich mitunter Meersalz oder Himalayasalz manchmal in die Rezepte integrieren. Zudem werden einige Rastafaris zwar auf Fleisch, aber nicht unmittelbar auf Fisch verzichten. Derweil gehen extreme Ansichten sogar bis zum Verzicht auf alles, was an Reben gedeiht. Besonders strikte Rastafaris verzehren nicht nur keine schuppenlosen Fische, Muscheln oder Eier. Sie verspeisen einfach keine Gerichte, die von einem Nicht-Rastafari zubereitet worden sind. Doch was bleibt da noch, wird man sich fragen – all die gesunden Sachen mit sehr viel wundervoll gesunden und prophylaktischen Pflanzenstoffen:

- Gemüse
- Getreide
- Gewürze
- Hülsenfrüchte
- Kräuter
- Nüsse
- Obst
- Saaten

Ein gewisser Spielraum ist somit möglich, am besten werden unverarbeitete pflanzliche Produkte direkt aus der Erde oder vom Baum beziehungsweise Strauch genutzt. Die Nähe zur Natur ist und bleibt immer präsent. Neben der eigentlichen Zubereitung steht außerdem auch die Verwendung von naturnahen Materialien im Vordergrund. In einer originalen Ital-Küche werden Gefäße und Kochgeschirr aus Kunststoff oder Metall nicht aufzufinden sein. Stattdessen benutzen Rastafaris Besteck und Töpfe aus Ton oder Holz – die Naturverbundenheit zieht sich konsequent durch den gesamten Küchenalltag. Ebenso wird man Konserven und Fertiggerichte in der Ital-Küche nicht finden – das klingt doch super im Hinblick auf frisch zubereitete Speisen voller Power. In der Konsequenz kann sich ein Mensch fast schon gar nicht bewusster ernähren – und Ital ist mehr als nur gesunde Ernährung. Es ist das Lebensmodell der Selbstversorgung und Unabhängigkeit.

Ital-Genüsse – Die Rezeptideen

Jetzt soll es auch ohne weitere Umschweife losgehen. Die folgenden Rezepte sind übersichtlich in verschiedenen Kategorien gemäß der Tageszeit oder des Anlasses unterteilt. Zudem spielen einige Zutaten eine entsprechend markante Rolle bei den Rastafaris, dass sie eine eigene Kategorie erhalten haben – das nächste Lieblingsgericht sollte demnach schnell gefunden sein. Aber auch die Ital-Gerichte können ein wenig abgewandelt werden. Wenn es nun einmal keinen Callaloo gibt, hilft der hier übliche Grünkohl auch weiter. Und wer ein wenig mit Meersalz würzen möchte, der darf das auch probieren. Nicht jeder hat die Zeit, eine eigene Sojasoße oder das Hefewasser herzustellen. Die Hauptsache ist – es sollen vegane Rezepte mit möglichst natürlich und schonend zubereiteten Zutaten bleiben. Denn die Ital-Küche ist nicht strikt an den Rastafarismus gekoppelt – es ist eine gesunde Ernährung, die mit diesem Lebensstil einhergeht. Und nun folgen die Rezepte, die Sie unbedingt ausprobieren sollten!

Frühstück

Ein energiereicher Start in den Tag ist unerlässlich, um die anstehenden Aufgaben und Herausforderungen bewältigen zu können. Gut, wenn man mit richtig Power bereits beim Frühstück beginnt und die Kraft der pflanzlichen Inhaltsstoffe für alles, was kommt, nutzen kann.

PEANUT PORRIDGE (ERDNUSSBREI)

4 Port.

25 Min.

Leicht

Zutaten

250 g rohe, ungesalzene Erdnüsse
250 g Haferflocken
750 ml Wasser
75 ml Kokosnussmilch (oder Sahne)
75 ml Pflanzenmilch
1 Vanilleschote
3 EL brauner Zucker
1 EL Saaten (gemahlen)
1 EL Mehl
1 EL Maismehl
1 TL Zimt (gemahlen)
1 TL Muskatnuss (frisch gerieben)

Küchenutensilien:

1 Topf
1 Standmixer

Nährwerte p. P.

468 kcal
31 g Kohlenhydrate
18 g Eiweiß
30 g Fett

1 Erdnüsse in Wasser möglichst über Nacht einweichen.

2 Am nächsten Morgen werden 500 ml Wasser in einem Topf aufgekocht. Währenddessen landen Erdnüsse, Haferflocken, die beiden Mehltypen und 250 ml Wasser im Standmixer und werden grob püriert. Jeweils die Hälfte der Milchsorten hinzufügen und nochmals mixen.

3 Herd auf mittlere Temperatur einstellen. Erdnussbrei in das heiße Wasser im Topf rühren. Es darf nicht verklumpen.

4 Bei niedriger bis mittlerer Hitze köchelt das Ganze um die 20 Minuten. Erst jetzt werden das ausgeschabte Vanillemark, die Saaten und die anderen Gewürze mit dem Brei vermengt. Die restliche Pflanzenmilch und Kokosmilch werden ebenso angegossen und verrührt.

BANANA FRITTERS

4 Port. 20 Min. Leicht

Zutaten:

300 g Vollkornmehl
200 ml Wasser
100 ml Frittieröl
3 reife Bananen
1 Vanilleschote
2 EL Honig
½ TL Zimt

Küchenutensilien:

1 Schüssel
1 Pfanne
Küchentuch

Nährwerte p. P.

454 kcal
58 g Kohlenhydrate
8 g Eiweiß
21 g Fett

1 Bananen schälen sowie in der Schüssel zerdrücken. Jetzt werden die Gewürze hinzugefügt und untergemischt.

2 Mehl einstreuen und alles gut mischen. Jetzt werden 200 ml Wasser angegossen. Es sollte umgerührt werden, bis ein homogener, leicht klumpiger Teig entsteht.

3 Pfanne mit dem Öl erhitzen. Wenn sich um ein wenig eingestreutes Mehl Blasen bilden, ist die richtige Temperatur erreicht. Den Teig in kleinen Rationen 2-3 Minuten goldbraun frittieren. Die einzelnen Frittate sollten ausreichend Platz haben.

4 Auf dem Küchentuch tropfen sie ab. Die Krapfen ein wenig abkühlen lassen, aber noch warm verspeisen.

ACKEE & JACKFRUIT

4 Port.

35 Min.

Leicht

Zutaten:

540 g Ackee
540 g Jackfrucht
75 g grüne Paprika
75 g gelbe Paprika
75 g rote Paprika
1 Tomate
1 Scotch Bonnet
1 Zwiebel
1 Knoblauchzehe
1 EL Pflanzenöl
2 TL schwarzer Pfeffer
2 TL Thymian (getrocknet)
2 TL Paprikapulver

Küchenutensilien:

1 Pfanne

Nährwerte p. P.

333 kcal
46 g Kohlenhydrate
6 g Eiweiß
13 g Fett

1 Jackfrucht aufbrechen und die Fleischkammern entnehmen. Sie werden in kleine Stücke geschnitten. Die Schale der Ackee öffnen, die Samen entnehmen und die Frucht zu kleinen Stücken verarbeiten.

2 Paprika waschen, halbieren sowie von den Samen und Häutchen befreien. Sie werden danach zu Streifen geschnitten. Tomate waschen, den Stielansatz herausschneiden und das Fleisch zu kleinen Stücken verarbeiten. Chili waschen, entkernen sowie klein schneiden.

3 Zwiebel schälen sowie klein würfeln. Knoblauch schälen und fein hacken. In der Pfanne braten das Zwiebelgemüse sowie die Chili im heißen Öl circa 2 Minuten an.

4 Danach landet die Jackfrucht darin. Es wird mit den Gewürzen abgeschmeckt. Circa 10 Minuten sollte das Ganze köcheln.

5 Nun werden Paprika sowie Tomate beigemengt. Erst jetzt bitte die Ackee hinzufügen. Vor dem Servieren gart der Pfanneninhalt nun noch einmal etwa 5 Minuten.

BREADFRUIT BREAKFAST (BROTFRUCHTFRÜHSTÜCK)

2 Port.

30 Min.

Leicht

Zutaten:

200 g Maismehl
100 g Vollrohrzucker
1 l Wasser
200 ml Kokosmilch
½ Brotfrucht (oder 200 g Brotfruchtmehl)
½ Vanilleschote
1 Prise Muskat
1 Prise Zimt

Küchenutensilien:

1 Standmixer
1 Kochtopf

Nährwerte p. P.

499 kcal
70 g Kohlenhydrate
9 g Eiweiß
20 g Fett

1 Die halbierte Brotfrucht schälen und vom Sporn befreien. Danach wird sie klein geschnitten und im Mixer püriert.

2 Bis auf die Gewürze werden die übrigen Zutaten inklusive 1 l Wasser aufgekocht. Vanillemark aus der aufgeritzten Schote herausschaben und dem Inhalt untermischen. Das Ganze köchelt circa 15-20 Minuten.

3 Erst vor dem Servieren werden Zimt und Muskat on top gestreut.

JAMAICAN CORN PORRIDGE (JAMAIKANISCHER MAISBREI)

2 Port. | 8 Std. 35 Min. | Leicht

Zutaten:

200 g Maiskörner
100 g Maismehl
1 l Wasser
400 ml Kokosmilch
1 Vanilleschote
1 Zimtstange
2 EL Honig
½ TL Muskat (frisch gerieben)

Küchenutensilien:

2 Schüsseln
2 Töpfe

Nährwerte p. P.

644 kcal
68 g Kohlenhydrate
10 g Eiweiß
36 g Fett

1 Maiskörner abspülen und in einer großen Schüssel über Nacht in mindestens 1 Liter Wasser einweichen.

2 Am nächsten Tag die Zimtstange mit dem Schüsselinhalt in einen Topf geben und alles aufkochen.

3 In einem kleinen Topf kochen derweil 75 ml der Kokosmilch und 2 EL Honig auf. Wenn das Gemisch kocht, Temperatur reduzieren und das Ganze 10 Minuten einkochen. Es sollte dickflüssig werden.

4 In einer weiteren Schüssel werden die restliche Milch und das Maismehl miteinander vermengt. Diese Mischung wird folglich in den Kochtopf mit den Maiskörnern gegeben. Den Herd auf hohe Hitze einstellen und alles unter stetem Umrühren eindicken lassen.

5 Frischen Muskat in den Maistopf rühren. Die eingedickte Süßmilch aus Schritt 3 einrühren sowie die der Länge nach eingeritzte Vanilleschote einlegen. Das Ganze köchelt weitere 3-5 Minuten nach persönlicher Vorliebe ein. Final die Vanilleschote und die Zimtstange entnehmen.

BANANA PORRIDGE (BANANENPORRIDGE)

4 Port.

15 Min.

Leicht

Zutaten:

200 g Kokosblütenzucker
600 ml Kokosmilch
200 ml Wasser
4 grüne Bananen
1 Vanilleschote
1 TL Muskat (frisch gerieben)
1 TL Zimt

Küchenutensilien:

1 Vierkantreibe
1 Topf

Nährwerte p. P.

564 kcal
69 g Kohlenhydrate
5 g Eiweiß
30 g Fett

1 Bananen schälen sowie die Früchte auf der Vierkantreibe raspeln. Es dürfen gern alle vier Seiten Anwendung finden, damit unterschiedliche Strukturen entstehen. Vanilleschote mit einem Messer aufschlitzen und das Vanillemark aus-kratzen.

2 Im Topf werden Bananen, sämtliche Gewürze sowie 200 ml Wasser aufgekocht. Das Ganze gut verrühren und die Milch angießen.

3 Unter mittlerer Temperatur garen die Bananen unter permanentem Umrühren, bis sie weich sind (Stichprobe). Jetzt wird der Zucker untergehoben und gut ein-gerührt. Noch zwei Minuten weiter kochen und heiß servieren.

ACKEE FRENCH TOAST

4 Port.

30 Min.

Leicht

Zutaten:

520 g Ackee
280 g Callaloo
250 ml Sojamilch
8 Scheiben Brot
4 Knoblauchzehen
1 Scotch Bonnet
1 Zwiebel
1 Vanilleschote
2 EL Kokosöl (oder flüssige vegane Butter)
2 EL Honig
1 TL Zimt
1 TL Muskat (frisch gerieben)
1 TL Thymian (getrocknet)
2 TL schwarzer Pfeffer
Etwas Olivenöl

Küchenutensilien:

2 Pfannen
1 Schüssel
1 tiefe Pfanne

Nährwerte p. P.

333 kcal
52 g Kohlenhydrate
11 g Eiweiß
8 g Fett

1 In einer Schüssel werden Milch, das flüssige Fett sowie Zimt und Muskat verrührt. Da-nach werden das ausgeschabte Vanillemark sowie der Honig untergerührt.

2 Brotscheiben beidseitig in die Milchmischung tauchen. Bei mittlerer Hitze wird folglich ein wenig Olivenöl erhitzt und darin werden die Toasts beidseitig goldbraun gebraten.

3 Ackee putzen, von den Kernen befreien sowie zu kleinen Stücken schneiden. ½ Zwiebel sowie 2 Knoblauchzehen schälen und klein würfeln. Alle drei Zutaten dünsten in der zweiten Pfanne weich.

4 Chili waschen, die Kerne entnehmen sowie klein schneiden. Chili, Thymian und Pfeffer werden der Ackee-Pfanne beigemengt.

5 Callaloo waschen, abtrocknen sowie klein schneiden. Mit den restlichen klein geschnittenen Zwiebel- und Knoblauchwürfeln brät dieser jetzt scharf 3-5 Minuten in der großen Pfanne an. Nun wird der Inhalt der Ackee-Pfanne in die Callaloo-Pfanne gegeben und alles gut durchmischt.

6 Frühstücksteller mit herzhaftem Callaloo-Ackee und dazu süßen French Toast servieren.

FRIED SWEET PLANTAIN (FRITTIERTE KOCHBANANEN)

1 Port.

20 Min.

Leicht

Zutaten:

1 reife Kochbanane (schwarze Schale)
2 EL Rapsöl

Küchenutensilien:

1 Pfanne
Küchentuch

Nährwerte p. P.

312 kcal
41 g Kohlenhydrate
2 g Eiweiß
12 g Fett

1 Banane schälen und leicht schräg zu circa 3 cm dicken Scheiben schneiden.

2 Öl in der Pfanne bei mittlerer Temperatur erhitzen.

3 Bananenscheiben kreisförmig in der Pfanne anordnen. Sie verbleiben, bis sich die Ränder leicht bräunlich färben. Dann werden sie gewendet. Nach 2 Minuten pro Seite sollte es so weit sein.

4 Sie tropfen nun auf dem Küchentuch ab.

BREADFRUIT PANCAKES

4 Port.

25 Min.

Leicht

Zutaten:

100 g Vollkornmehl
200 ml Pflanzenmilch
1 reife Brotfrucht (Ulu)
1 reife Banane
1 EL Kokosöl
1 TL Zimt
1 Prise Muskat (frisch gerieben)

Küchenutensilien:

1 Standmixer
1 Schüssel
1 Pfanne

Nährwerte p. P.

198 kcal
33 g Kohlenhydrate
6 g Eiweiß
5 g Fett

1 Brotfrucht aufschneiden, den Kern entnehmen sowie das Fleisch ausschaben. Banane schälen und grob schneiden. Beide Zutaten landen im Mixer.

2 Nun werden dem Standmixer die Gewürze sowie die Milch beigemengt. Das Ganze wird zu einem glatten Teig püriert.

3 Das Püree in eine große Schüssel geben. Jetzt wird das Mehl hinzugefügt und daruntergemischt.

4 In der Pfanne das Kokosöl erwärmen. Bei niedriger bis mittlerer Hitze brät der Pfannkuchenteig nun von beiden Seiten je 3 Minuten pro Portion.

Salate

Eine leichte Beilage zum Mittagessen oder ein frisches Intermezzo während Vor- oder Nachmittag – Salate laden aufgrund von Frische, Vitaminen und natürlichen Energiestoffen die Akkus schnell wieder auf. Und sie sind verdammt lecker als Alternative zu einem üppigen Abendmahl.

AVOCADOSALAT

 1 Port.
 10 Min.
 Leicht

Zutaten:

1 Avocado
1 Zwiebel
1 Tomate
1 Prise Cayennepfeffer (oder Paprikapulver, rosenscharf)

Küchenutensilien:

1 Schüssel

Nährwerte p. P.

441 kcal
3 g Kohlenhydrate
5 g Eiweiß
44 g Fett

1 Die Avocado schälen sowie vom Stein befreien. Das Fruchtfleisch wird an-schließend mit einer Gabel in der Schüssel zerdrückt. Zwiebel schälen und klein hacken. Sie landet mit dem Cayennepfeffer in der Avocadomasse. Alles gut zu einer homogenen Paste verrühren.

2 Tomate waschen und von der Blüte befreien. Sie wird anschließend zu dünnen Scheiben geschnitten. Die Tomatenscheiben unterrühren. Das Ganze wird mit Brot serviert.

SWEET POTATO SALAD (SÜSSKARTOFFELSALAT)

4 Port.

15 Min.

Leicht

Zutaten:

300 g Süßkartoffeln
75 g Zuckermais (Dose)
1 grüne Paprika
1 rote Paprika
½ rote Zwiebel
¼ Scotch Bonnet
4 EL vegane Mayo
1 EL gemischte Kräuter (getrocknet)
1 Handvoll Petersilienblätter

Küchenutensilien:

1 Topf
1 Rührschüssel

Nährwerte p. P.

119 kcal
23 g Kohlenhydrate
2 g Eiweiß
2 g Fett

1 Süßkartoffeln schälen sowie zu 2,5 cm großen Würfeln verarbeiten. Chili und Paprika halbieren, von Häutchen und Samen befreien sowie würfeln. Zuckermais über dem Sieb abtropfen lassen. Zwiebel schälen und ebenso fein würfeln. Petersilie waschen, trocken schütteln und deren Blätter abzupfen.

2 Im Kochtopf werden die Kartoffelwürfel in 5-7 Minuten weichgekocht. Sie sollen anschließend komplett auskühlen.

3 Die restlichen Zutaten werden in einer großen Rührschüssel miteinander vermischt. Die Kartoffelwürfel werden vor dem Servieren mit dem Gemüse-Topping veredelt.

GREEN BANANA SALAD (BANANENSALAT)

4 Port.

25 Min.

Leicht

Zutaten:

100 g Brokkoli
100 g Möhren
100 g Maiskörner
100 ml vegane Mayo
6 grüne Bananen
2 Frühlingszwiebeln

Küchenutensilien:

1 Topf
1 Schüssel

Nährwerte p. P.

359 kcal
45 g Kohlenhydrate
5 g Eiweiß
17 g Fett

1 Brokkoli waschen sowie zu Röschen zerteilen. Diese wiederum je nach Größe halbieren oder vierteln. Möhren schälen und zu dünnen Scheiben schneiden. Frühlingszwiebeln putzen sowie zu feinen Ringen schneiden.

2 Bananen von Enden befreien und der Länge nach mittig nicht tief einritzen. Sie kochen im Topf samt Schale. So brechen sie nicht. Sie garen, bis sie weich sind. Das kann durchaus bis zu 15 Minuten dauern.

3 Bananen schälen und anschließend unter kaltem Wasser abschrecken. Die Frucht wird in dicke Scheiben geschnitten.

4 Die vorbereiteten Gemüsezutaten inklusive Maiskörnern mit der Mayo und den Bananen in einer großen Schüssel vermengen.

CHO CHO SLAW – JAMAIKANISCHER KRAUTSALAT

4 Port.

20 Min.

Leicht

Zutaten:

50 ml Olivenöl
50 ml Agavennektar
50 ml Apfelsaft
1 Chayote (Cho Cho)
3 Möhren
1 Apfel
Saft von ½ Zitrone
½ Scotch Bonnet
1 Handvoll Cranberries (getrocknet)
1 Handvoll Granatapfelkerne
1 EL Koriander (frisch)

Küchenutensilien:

2 Schüsseln
1 Grillpfanne

1 Chayote putzen, halbieren und zu feinen Streifen verarbeiten. Möhren schälen sowie zu Julienne-Streifen schneiden. Chili waschen, deren Samen entnehmen und fein hacken.

2 Apfel waschen, halbieren sowie dessen Kerngehäuse entfernen. 1 große Scheibe zu-rechtschneiden. Der Rest des Apfels wird zu feinen Streifen geschnitten.

3 In der Schüssel werden Chayote, Möhren und Apfel vermischt. Dazu Chilistücke geben und Koriander untermischen.

4 In der Grillpfanne die Apfelscheibe anbraten, bis sie etwas Farbe bekommt. Sie wird als Unterlage für den Salat verwendet. Die fruchtige Salatmischung auf der Scheibe anrichten.

5 Aus den übrigen Zutaten in einer Schüssel ein Dressing mischen. Dies wird auf den Salat geträufelt.

Nährwerte p. P.

146 kcal
5 g Kohlenhydrate
3 g Eiweiß
13 g Fett

JAMAICAN CUCUMBER SALAD (JAMAIKANISCHER GURKENSALAT)

4 Port.

15 Min.

Leicht

Zutaten:

2 Mangos
1 Avocado
1 Salatgurke
2 EL Vinaigrette

Küchenutensilien:

3 Schüsseln
1 Kreisausstecher

Nährwerte p. P.

194 kcal
7 g Kohlenhydrate
2 g Eiweiß
17 g Fett

1 Alle Früchte in separaten Schüsseln vorbereiten. Mangos schälen, vom Stein lösen und klein würfeln. Avocado halbieren, den Stein entnehmen und ebenso zu Würfeln verarbeiten. Gurke schälen sowie deren flüssiges Innere ausschaben. Auch sie wird gewürfelt.

2 Ausstechform auf den Teller stellen. Die drei verschiedenen Bestandteile nach persönlichem Wunsch nacheinander in den Ausstecher geben. Nach jeder Schicht etwas andrücken.

3 Die Ausstechform vorsichtig entnehmen. Final wird der Salat mit der Vinaigrette übergossen.

BUTTERNUT SQUASH SALAD (KÜRBISSALAT)

 4 Port.  1 Std.  Leicht

Zutaten:

400 g Kichererbsen
300 g Butternusskürbis
250 g Kokosjoghurt
15 g frische Minzblätter
1 rote Paprika
1 Dose Zuckermais
1 Römersalat
4 EL Honig
2 EL Paprikapulver
1 TL schwarzer Pfeffer

Küchenutensilien:

3 Schüsseln
2 Siebe
1 Backblech
Backofen

Nährwerte p. P.

302 kcal
43 g Kohlenhydrate
10 g Eiweiß
9 g Fett

1 Erbsen sowie Mais separat im Sieb abspülen und abtropfen. Kürbis schälen sowie von Kernen und Fasern befreien. Das Kürbisfleisch wird zu Würfeln verarbeitet.

2 Salat waschen, die Blätter zupfen sowie klein schneiden. Paprika waschen, halbieren und deren Kerne herauslösen. Die Schote wird folglich klein gewürfelt.

3 Backofen auf 180 Grad Celsius Ober-/Unterhitze aufheizen. Kürbis mit den Erbsen in einer Schüssel mischen. Das Ganze mit Paprikapulver und Pfeffer bestreuen und mit 2 EL Honig beträufeln. Alles verrühren.

4 Auf dem Blech wird diese Kürbismischung gut verteilt. Sie röstet circa 30-35 Minuten im Ofen. Nach der Hälfte wird das Gemüse gewendet.

5 Derweil werden Salat, Mais und Paprika in einer zweiten Schüssel vermengt.

6 In der dritten Schüssel Joghurt, den restlichen Honig sowie die gut gewaschenen Minzblätter miteinander zu einem Dressing verrühren.

7 Gemüse vom Backblech mit dem Gemüse aus der Schüssel mischen. Darauf wird später das Dressing geträufelt.

BANANA POTATO SALAD (BANANEN-KARTOFFEL-SALAT)

4 Port.

40 Min.

Leicht

Zutaten:

165 g Maiskörner
3 Frühlingszwiebeln
2 grüne Bananen
2 Kartoffeln
1 Zwiebel
½ rote Paprika
½ grüne Paprika
4 EL vegane Mayo
1 TL Thymian (getrocknet)
1 TL schwarzer Pfeffer

Küchenutensilien:

2 Töpfe
1 Rührschüssel

Nährwerte p. P.

224 kcal
28 g Kohlenhydrate
4 g Eiweiß
11 g Fett

1 Frühlingszwiebeln putzen sowie klein schneiden. Kartoffeln schälen sowie zu mundgerechten Stücken verarbeiten. Zwiebel schälen und fein hacken. Paprika waschen, deren Samen auslösen und das Fleisch würfeln.

2 Im Topf werden die ungeschälten, in der Mitte längs eingeritzten Bananen circa 20 Minuten gekocht. Erst danach wird die Schale abgezogen. Kartoffelwürfel im Topf circa 10 Minuten weichkochen sowie anschließend im Sieb abgießen.

3 In einer Rührschüssel werden die abgekühlten, klein geschnittenen Bananen mit den Zwiebelsorten sowie dem restlichen Gemüse vermischt.

4 Final werden Gewürze und Mayo hinzugefügt. Alles gut umrühren.

ACKEE SALAD (ACKEE-SALAT)

4 Port.

30 Min.

Leicht

Zutaten:

500 g Ackee
3 Knoblauchzehen
1 Frühlingszwiebel
1 Avocado
1 Tomate
¼ Kopfsalat
Je ½ rote + grüne Paprika
½ Salatgurke
½ Zwiebel
1 EL Kokosöl
Je 1 TL Chilipulver + Thymian (getrocknet)
1 TL schwarzer Pfeffer
1 Spritzer Zitronensaft

Küchenutensilien:

2 Schüsseln
1 Pfanne

Nährwerte p. P.

240 kcal
26 g Kohlenhydrate
4 g Eiweiß
12 g Fett

1 Salat waschen, vierteln und zu kleinen Streifen schneiden. Paprika waschen, halbieren sowie von den Samen befreien. Das Fleisch wird klein gewürfelt. Gurke putzen, halbieren sowie deren wässriges Innere entfernen. Tomate waschen, Stielansatz lösen und klein schneiden.

2 Avocado halbieren sowie den Stein entnehmen. Fruchtfleisch klein schneiden und mit dem Zitronensaft beträufeln. In der Schüssel mit Paprika, Gurke und Tomate derweil kühl lagern.

3 Ackee putzen, Kerne entnehmen und das Fleisch würfeln. Frühlingszwiebel putzen und zu feinen Ringen schneiden. Zwiebel sowie Knoblauch schälen und klein schneiden.

4 In der Pfanne braten Zwiebel, Knoblauch und Frühlingszwiebel im heißen Öl bei starker Hitze an. Chilipulver unterrühren und alles circa 3 Minuten weiter garen.

5 Ackee der Pfanne beimengen und gut umrühren. Dann werden Thymian und Pfeffer eingestreut. Das Ganze brät nochmals 5 Minuten.

6 Warmen Pfanneninhalt ein wenig auskühlen lassen. In einer Schüssel den frischen Salat sowie die Avocado untermischen und servieren.

PEA RICE SALAD (ERBSEN-REIS-SALAT)

4 Port.

45 Min.

Leicht

Zutaten:

400 g Langkornreis
250 g Kidneybohnen (1 Dose)
2 Gewürznelken
1 Knoblauch
1 Zwiebel
1 Frühlingszwiebel
1 Chilischote
1 TL Thymian (getrocknet)
½ TL schwarzer Pfeffer

Küchenutensilien:

1 Topf
Mörser & Stößel

Nährwerte p. P.

464 kcal
74 g Kohlenhydrate
10 g Eiweiß
14 g Fett

1 Knoblauch schälen und fein hacken. Zwiebel schälen sowie würfeln. Frühlingszwiebel putzen und fein hacken.

2 Kidneybohnen im Topf samt Dosenwasser aufkochen. Dann werden die in Schritt 1 zubereiteten Zutaten hinzugefügt. Die Flüssigkeit sollte sich dunkel färben.

3 Reis in den Bohnentopf geben und bei schwacher Hitze 30 Minuten köcheln lassen. Zu Beginn sollte die Flüssigkeit mindestens 5 cm über dem Reis stehen.

4 Gewürznelken mit dem Mörser zerstoßen. Chili halbieren, von Kernen befreien sowie zu kleinen Stücken schneiden. Diese beiden Zutaten werden mit dem Thymian und dem Pfeffererst zum Schluss untergerührt.

Suppen

Für den kleinen Hunger oder als einleitender Gang für ein großes Familienessen bieten sich leichte Suppen förmlich an. Sie bieten Köchen eine einfache Zubereitung und eine direkte Energieausbeute. Mit einem Blick auf das kurze Zeitfenster für deren Umsetzung verlocken sie zudem bei Zeitnot als gesunde Speise. Zusätzlich schenken sie an warmen Tagen eine leichte Variante von gehaltvollem Essen.

PLANTAIN-BEAN-STEW (KOCHBANANEN-BOHNENEINTOPF)

4 Port.

25 Min.

Leicht

Zutaten:

400 g Kidneybohnen
400 g Pflaumentomaten
250 ml Wasser
4 Zweige Thymian
2 Kochbananen
2 Frühlingszwiebeln
2 Knoblauchzehen
2 Selleriestangen
2 Möhren
½ Scotch Bonnet
1 Handvoll Petersilie (frisch gehackt)
1 EL Kokosöl (oder Pflanzenöl)
1 TL schwarzer Pfeffer

Küchenutensilien:

1 Sieb
1 Pfanne

Nährwerte p. P.

248 kcal
44 g Kohlenhydrate
10 g Eiweiß
2 g Fett

1 Möhren und Sellerie putzen sowie zu kleinen Würfeln schneiden. Frühlingszwiebeln putzen und würfeln. Knoblauch schälen und zu kleinen Würfeln schneiden. Chili halbieren, die Kerne entfernen und fein hacken.

2 Bohnen im Sieb abspülen sowie abtropfen. Tomaten waschen, jeweils vom Blütenansatz befreien und zu groben Stücken verarbeiten.

3 Das Öl in der Pfanne auf Temperatur bringen. Sämtliche Gemüsesorten braten darin 3-4 Minuten an. Sie sollten karamellisieren.

4 Bananen schälen und zu dicken Scheiben schneiden. Sie landen mit den Bohnen im Topf. Nach etwa 2 Minuten werden die Tomaten sowie 250 ml Wasser dazugegeben. Das Ganze soll nun aufkochen.

5 Jetzt werden die Gewürze und der Thymian untergerührt. Der Eintopf köchelt anschließend circa 10 Minuten vor sich hin. Zum Schluss wird er mit frischer Petersilie garniert.

CREAM OF PUMPKIN SOUP (KÜRBISCREMESUPPE)

4 Port.

30 Min.

Leicht

Zutaten:

400 g Kürbis
400 ml Pflanzenmilch
1 Zwiebel
3 EL Vollkornmehl
2 EL vegane Butter
1 Prise schwarzer Pfeffer

Küchenutensilien:

2 Töpfe
1 Pürierstab

Nährwerte p. P.

375 kcal
11 g Kohlenhydrate
4 g Eiweiß
35 g Fett

1 Kürbis schälen, die Fasern und Kerne auslösen. Das Fleisch wird zu Würfeln verarbeitet. Kürbiswürfel kochen kurz 10 Minuten im Topf. Zwiebel schälen und fein hacken.

2 In der geschmolzenen Butter braten die Zwiebeln im Topf an. Danach wird mit Hilfe eines Siebes das Mehl eingestreut. Das Ganze sollte gut anrösten.

3 Die Milch angießen und für die Bindung eine Weile rühren. Danach wird mit Pfeffer abgeschmeckt. Anschließend werden zwei Drittel der Kürbiswürfel hinzu-gefügt. Alles kocht weitere 5 Minuten.

4 Danach kommt der Pürierstab zum Einsatz. Es soll eine glatte und dabei dick-flüssige Masse entstehen. Die Cremesuppe auf den Teller geben. Die restlichen Kürbiswürfel darauf verteilen.

MUSHROOM COCONUT STEW (PILZ-KOKOS-EINTOPF)

4 Port.

35 Min.

Leicht

Zutaten:

800 g gehackte Tomaten (2 Dosen)
800 g Butterbohnen
500 g Champignons
150 ml Kokosmilch
3 Knoblauchzehen
1 Zwiebel
1 grüne Paprika
1 rote Paprika
2 Lauchstangen
½ Scotch Bonnet
1 EL Olivenöl
2 TL schwarzer Pfeffer
2 TL Paprikapulver
Etwas Kokosraspel

Küchenutensilien:

1 Pfanne

Nährwerte p. P.

292 kcal
20 g Kohlenhydrate
15 g Eiweiß
14 g Fett

1 Pilze putzen, abwaschen und zu Scheiben schneiden. Bohnen putzen, von harten Enden befreien und notfalls quer halbieren. Knoblauch schälen sowie fein hacken. Zwiebel schälen und in feine Streifen schneiden.

2 Paprika waschen, halbieren und deren Samen entnehmen. Sie werden in dünne Streifen geschnitten. Lauch putzen, abspülen und klein hacken. Chili waschen, die Samen entnehmen und klein hacken.

3 In der Pfanne werden die Zwiebeln im heißen Öl gebraten. Danach Paprika, Chili und Knoblauch bei mittlerer Hitze weich dünsten.

4 Nun werden Pilze und Lauch beigemengt. Sind diese weichgekocht, landen die Tomaten darin. Es wird mit Pfeffer und Paprikapulver gewürzt.

5 Die Milch angießen und alles bis zu 5 Minuten köcheln. Jetzt erst werden die Butterbohnen eingestreut. Das Ganze kocht nochmals 5 Minuten. Vor dem Servieren die Kokosraspel on top geben.

BROWN STEWED VEGGIE CHUNKS (BRAUNER EINTOPF)

4 Port. 45 Min. Leicht

Zutaten:

200 g Sojabrocken
2 Knoblauchzehen
2 Frühlingszwiebeln
2 Zweige Thymian
1 Zwiebel
1 Möhre
1 Tomate
½ rote Paprika
3 EL Kokosnussöl (oder Traubenkernöl)
1 TL Sojasoße
1 TL schwarzer Pfeffer (gemahlen)

Küchenutensilien:

1 Schüssel
1 tiefer Topf

Nährwerte p. P.

347 kcal
2 g Kohlenhydrate
63 g Eiweiß
11 g Fett

1 Sojabrocken nach Packungsanleitung in einer Schüssel circa 15 Minuten in Wasser ein-weichen.

2 Knoblauch und Zwiebel schälen sowie klein würfeln. Frühlingszwiebeln gründlich waschen und fein hacken. Thymian waschen, trocken schütteln sowie ebenfalls hacken. Tomate und Paprika waschen sowie halbieren. Die Tomate vom Blütenansatz befreien und würfeln. Die Paprika vom Kerngehäuse befreien und zu Würfeln verarbeiten. Möhre schälen und mundgerecht zerschneiden.

3 Im tiefen Topf wird das Öl auf Temperatur gebracht. Darin braten die eingeweichten Sojabrocken für circa 5 Minuten an. Dabei muss gelegentlich umgerührt werden.

4 Die zubereiteten Gemüsezutaten gelangen zu den Sojawürfeln in den Topf. Alles brät etwa 2-3 Minuten bei starker Hitze. Unter Zugabe des Pfeffers und der Sojasoße bekommt die Speise Farbe. Zugedeckt köchelt das Ganze bei niedriger bis mittlerer Hitze 10-15 Minuten.

ITAL STEW (ITAL-EINTOPF)

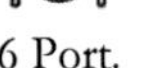
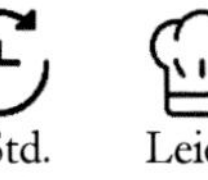

6 Port. | 1 Std. 15 Min. | Leicht

Zutaten:

260 g Kürbis
130 g Cho Cho/Chayote (Vertreter der karibischen Kürbisgewächse)
400 ml Kokosmilch
400 ml Wasser
6 Pimentkörner
4 Zweige Thymian
3 Knoblauchzehen
2 Kochbananen
2 Lorbeerblätter
2 Frühlingszwiebeln
1 Dasheen/Wasserbrotwurzel (oder Kartoffel, Maniok)
1 Möhre
1 Süßkartoffel
1 Zwiebel
1 Tomate
1 TL Koriander (gehackt)
1 TL schwarzer Pfeffer
½ TL Kurkuma

Küchenutensilien:

1 Kochtopf

Nährwerte p. P.

673 kcal
53 g Kohlenhydrate
6 g Eiweiß
53 g Fett

1 Kürbis schälen, waschen sowie dessen faserige Teile und Kerne entfernen. Das Kürbisfleisch wird grob gehackt. Cho Cho ebenfalls schälen, ausschaben sowie grob würfeln. Zwiebel sowie Knoblauch schälen und fein hacken. Frühlingszwiebeln gründlich putzen sowie von den Enden befreien.

2 Dasheen und Süßkartoffel schälen und zu kleinen Stücken verarbeiten. Bananen schälen und würfeln. Möhre gründlich putzen und zu Stücken schneiden. Tomate halbieren, vom Blütenansatz befreien sowie zu Würfeln schneiden.

3 In einem Kochtopf werden 400 ml Wasser mit der Milch verrührt und anschließend aufgekocht. Jetzt wird die Temperatur auf mittlere Stufe reduziert.

4 In den Topf gehören nun Zwiebeln, Knoblauch und die Tomaten. Das Ganze wird mittels Thymian, Koriander, Lorbeer sowie Piment abgeschmeckt. Es sollte circa 5 Minuten köcheln.

5 Jetzt werden Süßkartoffel, Dasheen, Möhre und erst einmal die Hälfte des Kür-bisses hinzugegeben. Nachdem die restlichen Gewürze im Topf landen, wird ordentlich durchgerührt.

6 Nun kocht der Eintopf auf, wird anschließend auf niedrige bis mittlere Stufe 25 Minuten geköchelt. Das Ital Stew wird andicken, weil die Gemüsebestandteile langsam zerfallen.

7 Die restlichen Zutaten unterrühren und alles für 15 Minuten zugedeckt köcheln lassen. Vor dem Servieren sollten Lorbeer, Piment, Thymian und Frühlingszwiebeln entfernt werden.

Tipp: Wer es in seinen Speisen etwas schärfer mag, darf seinen Blick auf eine spezielle karibische Chili-Züchtung werfen – Scotch Bonnet. Diese sollte mit Vorsicht eingesetzt werden, da sie sehr scharf ist. Wer möchte, darf gern mit ein paar Mehlknödeln als Einlage noch ein wenig upgraden.

JAMAICAN RED PEAS SOUP (JAMAIKANISCHE ROTE-ERBSEN-SUPPE)

4 Port.

9 Std. 10 Min.

Leicht

Zutaten:

400 g Kidneybohnen
500 g Kartoffeln
250 g Süßkartoffeln
250 g Mehl
250 g gelbes Maismehl
1,6 l Wasser
125 ml Kokosmilch
6 Pimentkörner
4 Maiskolben
3 Zweige Thymian
2 Möhren
2 Frühlingszwiebeln
2 Knoblauchzehen
1 Stück Ingwer (etwa 2 cm)
½ TL schwarzer Pfeffer

Küchenutensilien:

2 Schüsseln
1 Kochtopf

Nährwerte p. P.

723 kcal
119 g Kohlenhydrate
21 g Eiweiß
13 g Fett

1 Ingwer schälen sowie zu feinen Scheiben schneiden. Die Bohnen weichen über Nacht in einer großen Schüssel samt dem Ingwer ein und entgasen. Sollten sie tagsüber einweichen, darf gern in der Hälfte der Einweichzeit frisches Wasser verwendet werden. Vor der Weiterverwendung mit frischem Wasser abspülen.

2 Beide Kartoffelarten schälen sowie zu groben Stücken schneiden. Möhren schälen sowie würfeln. Frühlingszwiebeln putzen und zu Ringen schneiden. Thymian waschen, trocken schütteln und die Blätter fein hacken. Knoblauch schälen und ebenfalls klein hacken. Die Maiskolben werden zu Dritteln geschnitten.

3 Die zwei Mehlsorten werden mit circa 75 ml Wasser in der zweiten Schüssel gemischt. Dieser Teig muss ein wenig fest werden. Danach werden etwa daumengroße Anteile zylindrisch zu Knödeln ausgeformt.

4 Im großen Kochtopf werden 1 ½ l Wasser erhitzt. Die Bohnen kochen darin circa 40-50 Minuten, bis sie weich sind. Mais, Süßkartoffeln, Möhren und die Knödel landen folglich im Bohnentopf.

5 Für die Würze sorgen jetzt die Frühlingszwiebeln, der Knoblauch, die Piment-körner, der Pfeffer sowie der Thymian. Das Ganze wird mit der Milch abgegossen.

6 Der Topfinhalt gart bei mittlerer Temperatur circa 30 Minuten. Die Suppe ist fertig, wenn Mais und Kartoffeln weich sind.

Brote

Brote sind nahrhaft und stecken voller Ballaststoffe. Diese wiederum regen die Verdauung an und stärken den Stoffkreislauf. Daher spielen sie in der Rastafari-Ernährungsphilosophie eine relevante Rolle. Auch die universelle Verwendung für verschiedenste Speisen lässt diese Komponente im hellen Glanz erstrahlen. Und mit lediglich einer Zubereitung steht den Freunden der Ital-Küche gleich eine größere Menge an Beilagen oder Grundzutaten für unterschiedliche Gerichte zur Verfügung. Es empfiehlt sich daher, immer ausreichend Brot im Haushalt zu haben.

BANANA BREAD (BANANENBROT)

16 Scheiben

1 Std. 55 Min..

Leicht

Zutaten:

220 g Vollkornmehl
65 g Trockenfrüchte (oder Kokosnussfleisch)
120 ml Kokosöl
50 ml Wasser
5 reife Bananen
1 Vanilleschote
2-3 EL Chiasamen (oder Haferflockenmehl)
1 EL Honig (oder Ahornsirup)
1 EL Zimt

Küchenutensilien:

1 Tasse
1 Rührschüssel
1 Schüssel
1 Kastenform
Backofen

Nährwerte p. P.

156 kcal
20 g Kohlenhydrate
2 g Eiweiß
7 g Fett

1 Backofen auf 180 Grad Celsius Ober-/Unterhitze aufheizen. Nun wird die Kastenform eingefettet.

2 In der Tasse werden die Samen mit 50 ml Warmwasser vermischt. Sie quellen 10 Minuten.

3 Kokosöl, Honig und das ausgekratzte Vanillemark landen mit dem Chia-Wasser in der großen Rührschüssel. Alles gut mischen.

4 In der zweiten Schüssel werden 4 geschälte Bananen mit der Gabel zerdrückt. Diese Masse wird der ersten Schüssel untergerührt.

5 Anschließend Mehl sowie Zimt unterrühren, gut vermengen. Dann werden klein geschnittene Trockenfrüchte untergehoben. Der Teig soll zu einer homogenen Masse werden.

6 Bananenbrotteig in die Form geben. Die letzte Banane schälen sowie halbieren. Die Hälften werden mit der Schnittkante auf die Oberseite des Brotes gelegt. Für circa 1 Stunde backt der Laib im Ofen. Er sollte 30 Minuten auskühlen.

Tipp: Es gibt einen Trick zur Überprüfung eines fertigen Kuchen- und Brotteigs. Mit einem Zahnstocher sticht man in diesen. Bleibt beim Herausziehen Teig daran haften, müssen Kuchen oder Brote noch ein Weilchen im Ofen verweilen.

COCO BREAD (KOKOSBRÖTCHEN)

10 Stück

1 Std.

Leicht

Zutaten:

800 g Vollkornmehl
200 ml Kokosmilch
15 ml Hefewasser
1 Banane
7 EL Kokosöl (oder vegane Butter)
1 EL Honig

Küchenutensilien:

1 Schüssel
1 Sieb
1 Backblech
Backofen

Nährwerte p. P.

369 kcal
51 g Kohlenhydrate
10 g Eiweiß
13 g Fett

1 Die Milch, der Honig und 4 EL geschmolzenes Kokosöl oder geschmolzene Butter in einer Schüssel gut vermengen.

2 Jetzt wird das Hefewasser untergehoben. Die Banane schälen sowie zerdrücken. Sie landet nun ebenso in der Schüssel.

3 Nun wird das Mehl per Sieb eingestreut. Auf der bemehlten Arbeitsplatte sollte der Teig nun 5 Minuten durchgeknetet werden. In einer geölten Schüssel zieht er nun, bis sich die Masse etwa verdoppelt hat.

4 Teig nochmals kneten sowie zu 10 Portionen teilen. Nun werden die Teiglinge erst zu Kugeln und dann zu Zylindern geformt. Das restliche Öl bzw. die restliche Butter schmelzen. Den Rohteig etwas plattdrücken und mit dem Öl / der Butter bestreichen. Coco Breads seitlich platter formen und diese Seite über den Rest falten.

5 Die Brote ruhen circa 15 Minuten. Backofen auf 180 Grad Celsius Ober-/Unterhitze aufheizen sowie das Blech einfetten.

6 Im Ofen backen sie nun noch 15 Minuten, bis sie leicht gebräunt sind.

HARD DOUGH BREAD (HARTTEIGBROT)

16 Scheiben

1 Std.

Leicht

Zutaten:

1,2 kg Vollkornmehl
25 g Honig
575 ml Wasser
100 ml Pflanzenöl
2 EL Hefewasser
Etwas Kokosmilch

Küchenutensilien:

1 Schüssel
Backofen
(1 Brotform)

Nährwerte p. P.

294 kcal
46 g Kohlenhydrate
9 g Eiweiß
8 g Fett

1 In einer Schüssel werden das glatte Mehl und das Öl miteinander vermengt.

2 Hefewasser angießen und den Honig unterrühren.

3 Folglich werden 575 ml warmes Wasser hinzugefügt. Alles ordentlich durch-kneten, bis ein weicher Teig entsteht. Dieser ruht an einem warmen Standort, bis er sein Volumen verdoppelt hat.

4 Backofen auf 180 Grad Celsius Ober-/Unterhitze aufheizen. Den Teig in die Brotform geben oder als Laib separat auf dem Backblech ausformen. Traditionell gelingt dies, indem er als Erstes ausgerollt wird. Dann wird er straff eingerollt. Mit der Milch wird das Brot außen bestrichen. Es backt circa 30-40 Minuten.

SWEET BREAD (SÜSSBROT)

16 Scheiben | 1 Std. 15 Min. | Leicht

Zutaten:

600 g Vollkornmehl
400 g Kokosraspel (natur)
200 g Trockenfrüchte (ungeschwefelt)
100 g Rosinen
100 g weiches Kokosöl (oder vegane Butter)
200 ml Pflanzenmilch
1 Banane
1 Vanilleschote
1 EL Wasser
1 TL Honig
½ TL Zimt (gemahlen)
½ TL Ingwer (gemahlen)
¼ TL Nelken (gemahlen)

Küchenutensilien:

2 Schüsseln
1 Kastenform
Backofen

Nährwerte p. P.

401 kcal
39 g Kohlenhydrate
6 g Eiweiß
23 g Fett

1 Backofen auf 180 Grad Celsius Ober-/Unterhitze aufheizen sowie die Kastenform einfetten.

2 In einer großen Schüssel werden sämtliche Gewürze mit dem Mehl vermengt.

3 Vanillemark aus der Schote kratzen. Es wird nun in der zweiten Schüssel mit dem weichen Kokosöl und der Milch vermischt. Banane schälen, klein schneiden und zerdrücken. Sie wird diesem Mix untergehoben.

4 Jetzt werden beide Schüsselinhalte vereint. Alles gut verrühren.

5 Trockenfrüchte, Rosinen und Raspel unterheben. Den Teig gut mischen und in die Form geben. Die Oberfläche wird glattgestrichen.

6 Im Ofen backt das süße Brot nun circa 45 Minuten.

7 1 EL Wasser mit 1 TL Honig vermischen. Damit wird das Brot nun oben eingestrichen. Es backt nochmals 3-5 Minuten. Es sollte vor dem Aufschneiden komplett auskühlen.

BAMMY (MANIOKBROT)

4 Port.

35 Min.

Mittel

Zutaten:

1 kg frischer Maniok
200 ml Kokosmilch
50 ml Wasser
2 EL Olivenöl

Küchenutensilien:

1 Gemüsereibe
1 Küchentuch
1 Pfanne
1 Tortenring
1 Pfannenwender
(Backofen)

Nährwerte p. P.

536 kcal
88 g Kohlenhydrate
4 g Eiweiß
20 g Fett

1 Maniok waschen sowie anschließend mit einer Reibe raspeln. Mit einem Küchentuch wird das Gemüse ausgedrückt. In der Schüssel wird es folglich mit 50 ml Wasser benetzt.

2 Pfanne mit ein wenig Öl einfetten – der Herd bleibt bitte noch aus! Einen kleinen Tortenring in die große Pfanne geben. Der Maniokbrei muss richtig fest angedrückt werden. Nun wird der Herd auf die schonende niedrige Stufe eingestellt. In circa 3-5 Minuten sollte die unterste Maniokschicht versiegelt sein.

3 Form entnehmen und den Bammy von der anderen Seite in derselben Zeit versiegeln. Beim Wenden hilft ein Pfannenwender.

4 Bammy vierteln sowie in der Milch einlegen. Nach 10 Minuten wird die überschüssige Kokosmilch abgegossen.

5 Im übrigen Öl wird der Bammy bei mittlerer Temperatur beidseitig goldbraun ausgebacken. Alternativ benötigt der Snack im Backofen bei 180 Grad Celsius Ober-/Unterhitze 15-20 Minuten.

Tipp: Anstatt eines großen Bammys lassen sich auch mehrere Kleine realisieren. Mittels Ausstechformen ist dies einfach und parallel umzusetzen.

GARLIC HARDOUGH BREAD (KNOBLAUCHBROT)

16 Scheiben

1 Std. 35 Min.

Leicht

Zutaten:

500 g Dinkelvollkornmehl
100 g Saaten (oder Nüsse)
50 g Kürbiskerne
450 ml Wasser
10 große Bananenblätter
5 Knoblauchzehen
1 Packung Trockenhefe (7 g)
1 EL Butter (ungesalzen)
1 EL Petersilie (gehackt)
1 EL Olivenöl
1 TL schwarzer Pfeffer

Küchenutensilien:

2 Schüsseln
1 Kastenform (circa 25 cm Durchmesser)
Backofen

Nährwerte p. P.

187 kcal
21 g Kohlenhydrate
6 g Eiweiß
9 g Fett

1 Backofen auf 200 Grad Celsius Ober-/Unterhitze aufheizen. In einer Schüssel wird nun die Hefe in circa 450 ml lauwarmem Wasser aufgelöst.

2 Danach werden Mehl, das Öl, die Kürbiskerne sowie die Saaten untergehoben. Der Teig sollte etwa 5 Minuten durchgeknetet werden. Dann müsste eine glatte Masse vorhanden sein.

3 Mit ein wenig Olivenöl die Form ausstreichen. Der Teig wird jetzt gleichmäßig darin verteilt. Folglich dürfen nach Wunsch auch noch ein paar Saaten auf den Teig gestreut werden. Für 45 Minuten backt das Brot nun im Ofen.

4 Den Laib aus der Form lösen und abkühlen lassen. Knoblauch schälen und würfeln. In der Schüssel werden Knoblauch, Pfeffer, Petersilie sowie die Butter vermengt und glattgerührt.

5 Das ausgekühlte Brot wird zu Scheiben geschnitten. Die Kruste wird abgeschnitten. Dort sowie an der Schnittstelle wird die Knoblauchbutter aufgestrichen. Dann werden die Scheiben in die Blätter eingewickelt. Sie backen nochmals 20 Minuten im Ofen.

Hinweis: Wer nicht ganz auf die urige Variante zurückgreifen möchte, kann die mit Knoblauchbutter bestrichenen Scheiben auch in Alufolie einwickeln.

LENTIL ROAST (LINSENBROT)

12 Scheiben

1 Std. 50 Min.

Mittel

Zutaten:

400 g grüne Linsen
200 g Semmelbrösel
150 g Nüsse (oder Trockenfrüchte)
500 ml Wasser + 3 EL lauwarmes Wasser
4 Champignons
2 Knoblauchzehen (oder 1 TL Knoblauchpulver)
1 Möhre
1 Staudensellerie
1 Zwiebel
1 Scotch Bonnet
Je ½ rote + orangefarbene Paprika
2 EL natives Olivenöl extra
1 EL Paprikapulver
2 TL Chiasamen
1 TL schwarzer Pfeffer
1 TL Ingwer (frisch geschnitten)

Küchenutensilien:

1 Topf
1 Kartoffelstampfer
1 große Pfanne
1 Schüssel
1 Tasse
1 Kastenform
Backofen

Nährwerte p. P.

278 kcal
26 g Kohlenhydrate
13 g Eiweiß
13 g Fett

1 Linsen abspülen sowie mit etwa 500 ml Wasser im Topf aufkochen. Die Temperatur reduzieren und die Flüssigkeit in circa 40 Minuten zerkochen. Sie sollen breiig sein und zerstoßen werden. Das geht mit einem Kartoffelstampfer sehr gut.

2 Möhre und Sellerie putzen sowie zu kleinen Stücken schneiden. Paprika und Chili halbieren, deren Samen entnehmen sowie das Fruchtgemüse fein würfeln. Zwiebel sowie Knoblauch schälen und fein hacken. Pilze putzen und fein schnei-den. Nüsse klein hacken.

3 In der großen Pfanne wird zuerst das Öl erhitzt. Darin braten die Zwiebeln für 1 Minute und danach die Gemüsewürfel für 2-3 Minuten an. Sie werden zur Seite gestellt.

4 In der Schüssel Semmelbrösel mit den gehackten Nüssen vermengen.

5 In der Tasse werden die Chiasamen mit 3 EL warmem Wasser vermischt. Sie ruhen, bis eine dickflüssige Masse entsteht. Der Tasseninhalt wird dann mit den Bröseln vermengt.

6 Backofen auf 170 Grad Celsius bei Ober-/Unterhitze vorheizen. Derweil wird das Gemüse mit dem Semmelbröselteig sowie den Linsen in der Schüssel gut durchgemischt. Anschließend wird er mit den Gewürzen veredelt. Der Teig kommt in die Kastenform und backt circa 1 Stunde im Ofen.

EASTER BUN (OSTERBROT)

12 Scheiben | 1 Std. 50 Min. | Mittel

Zutaten:

500 g Vollkornmehl
250 g Trockenfrüchte
100 g Kirschen
50 g vegane Butter
1 Vanilleschote
1 EL Wasser
1 EL Marmelade (oder Honig)
1 EL Leinsamen
1 TL Zimt
1 TL Muskat (frisch gerieben)

Küchenutensilien:

1 Tasse
1 Schüssel
1 Topf
1 Backblech
Backofen

Nährwerte p. P.

240 kcal
42 g Kohlenhydrate
5 g Eiweiß
5 g Fett

1 Leinsamen in 1 EL Wasser circa 10 Minuten in einer Tasse aufquellen lassen.

2 Alle trockenen Zutaten in einer großen Schüssel miteinander vermengen.

3 Im Topf die Butter zerlassen. Derweil die Vanilleschote auskratzen. Das Vanillemark landet in der flüssigen Butter. Die Hälfte der Mehlmischung wird mit der Vanillebutter gemischt.

4 Backofen auf 160 Grad Celsius Ober-/Unterhitze vorheizen. Kirschen waschen und entsteinen. Sie werden wie die Trockenfrüchte klein geschnitten und dem Teig untergehoben.

5 Anschließend wird das restliche Mehl hinzugefügt. Alles sollte gut vermischt werden. Der Teig sollte ein wenig matschig sein.

6 Das tiefe Backblech einfetten und den Teig darüber gießen. Optional können ein paar Trockenfrüchte aufgelegt werden. Auf der mittleren Schiene backt der Kuchen 1 Stunde.

7 Im Anschluss an die Backzeit wird der Teig mit der Marmelade glasiert. Er kühlt circa 30 Minuten aus. Final werden aus dem Blech viereckige Brötchen geschnitten.

SPICED BREAD (HERZHAFTES BROT)

16 Scheiben | 1 Std. 25 Min. | Leicht

Zutaten:

325 g Vollkornmehl
150 g Gemüse nach Wahl
60 g vegane Butter
1 Scotch Bonnet
½ Zwiebel
1 EL Wasser
1 EL Leinsamen (gemahlen)
1 TL Thymian (getrocknet)

Küchenutensilien:

1 Tasse
1 Schüssel
1 Topf
1 Kastenform (450-g-Laibform)
Backofen

Nährwerte p. P.

122 kcal
15 g Kohlenhydrate
3 g Eiweiß
6 g Fett

1 Backofen auf 160 Grad Celsius Ober-/Unterhitze aufheizen. Die Form wird derweil eingefettet.

2 Leinsamen in einer Tasse mit 1 EL warmem Wasser 10 Minuten quellen lassen. Zwiebel schälen und fein hacken. Chili waschen, deren Kerne entfernen und ebenso fein hacken. Gemüse putzen, notfalls entkernen sowie zu kleinen Stücken verarbeiten.

3 In der Schüssel werden nun Mehl und Thymian gut vermengt.

4 Butter im Topf zerlassen, Leinsamenmischung verrühren.

5 Die Hälfte der Gemüsewürfel und die Hälfte der Mehlmischung landen in der flüssigen Butter. Jetzt wird gut umgerührt, bevor der Rest von Mehl und Gemüse beigemengt wird.

6 Zwiebel sowie Chili in den Teig einbinden. Die Masse wird folglich in die Laibform gefüllt. Der Brötchenteig backt circa 1 Stunde.

Hauptgerichte mit Nudeln

Nudeln gehören zu den günstigen Allzweckzutaten in der Küche. Dies ist auch bei der Ital-Ernährungsweise so. Sie sind relativ schnell zuzubereiten und garen förmlich allein. So lässt sich das Zeitfenster für eine Speisenzubereitung effizient gestalten – und die Vielfalt der entstehenden Gerichte soll allein ein Plädoyer für Penne, Makkaroni und Co. sein.

RASTA-PASTA

4 Port.

30 Min.

Leicht

Zutaten:

800 g Penne-Nudeln
125 ml Kokosmilch
3 Zweige Thymian
3 Knoblauchzehen
3 Frühlingszwiebeln
1 rote Paprika
1 grüne Paprika
1 gelbe Paprika
1 orangefarbene Paprika
1 Zwiebel
1 Tomate
1 TL Pflanzenöl
1 TL schwarzer Pfeffer
1 TL Knoblauchpulver (optional)
1 TL Zwiebelpulver (optional)

Küchenutensilien:

2 Kochtöpfe

Nährwerte p. P.

674 kcal
112 g Kohlenhydrate
22 g Eiweiß
15 g Fett

1 Nudeln gemäß der Packungsanleitung im Topf mit Wasser kochen.

2 Knoblauch sowie Zwiebel schälen und fein hacken. Die Paprikaschoten halbieren, vom Kerngehäuse befreien und zu feinen Würfeln schneiden. Tomate waschen, halbieren und vom Stielansatz befreien. Sie wird ebenfalls gewürfelt. Frühlingszwiebeln putzen sowie zu dünnen Scheiben verarbeiten. Thymian waschen, trocken schütteln sowie fein hacken.

3 Im zweiten Topf werden das Öl erhitzt sowie anschließend Zwiebeln und Knoblauch 2 Minuten angebraten. Danach werden jeweils nach 2 Minuten Kochzeit erst die Frühlings-zwiebeln mit dem Thymian, dann die Tomaten und abschließend die Paprika hinzugefügt.

4 Jetzt Kokosmilch angießen sowie gründlich unterrühren. Das Ganze wird mit den Gewürzen abgeschmeckt.

5 Die Nudeln in den Topf geben und alles gut durchmischen. Danach darf serviert werden.

JERK MACS

6 Port.

40 Min.

Leicht

Zutaten:

500 g Nudeln
350-400 g Semmelbrösel (oder je 200 g von 3 verschiedenen veganen Käsesorten)
75 g Vollkornmehl
800 ml Pflanzenmilch
100 ml Fruchtsaft nach Wahl
1 reife Banane
1 Knoblauchzehe
½ Schalotte
9 EL vegane Butter
2 EL BBQ-Soße
1 TL Chili (getrocknet)
1 TL Muskat (frisch gerieben)

Küchenutensilien:

2 Pfannen
1 Kochtopf
1 kleiner Topf
1 Schneebesen

Nährwerte p. P.

905 kcal
112 g Kohlenhydrate
19 g Eiweiß
41 g Fett

1 Nudeln entsprechend der Packungsanleitung im Kochtopf garen.

2 Schalotte und Knoblauch schälen sowie klein hacken. Sie braten in der Pfanne bei mittlerer Hitze 2-3 Minuten in 3 EL Butter an. Danach Chili, BBQ-Soße und den Fruchtsaft hinzu-fügen. Gut vermischen und langsam zu einer sämigen Soße einkochen.

3 Milch im kleinen Topf erwärmen (nicht kochen). Die übrigen 6 EL Butter werden derweil in einer zweiten Pfanne erhitzt. Mit dem Schneebesen wird das Mehl untergerührt.

4 Die warme Milch wird der Mehlschwitze untergerührt. Banane schälen, zerdrücken und in die Milch rühren. Wenn die Milch eindickt, wird Muskat untergemengt.

5 Jetzt werden die Semmelbrösel bei stetem Umrühren untergehoben (alternativ die gehobelten Käsevarianten einbinden). Anschließend wird das Jerk dieser Mischung beigemengt. Alles gut verrühren.

6 Die Nudeln mit der Soße mischen und alles etwa 2 Minuten köcheln lassen.

Tipp: Die Jerk-Nudeln lassen sich in 15-18 Minuten bei 180 Grad Celsius Ober-/Unterhitze auch gut im Backofen überbacken. Dazu müssen sie in eine Auflaufform gegeben werden. Diese wird mit circa 5 g Semmelbröseln bestreut.

MACARONI PIE (MAKKARONIKUCHEN)

8 Port. 1 Std. Leicht

Zutaten:

500 g veganer Käse (oder Semmelbrösel)
250 g Kokosjoghurt
250 g Makkaroni
1 grüne Paprika
1 rote Paprika
1 Zwiebel
1 reife Banane
1 EL Olivenöl
1 EL schwarzer Pfeffer
1 EL Oregano (getrocknet)
1 EL Petersilie (getrocknet)
3 TL Knoblauchpulver
2 TL Paprikapulver
2 TL Thymian (getrocknet)

Küchenutensilien:

2 Töpfe
1 Reibe
1 Schüssel
1 Auflaufform
Backofen

Nährwerte p. P.

410 kcal
80 g Kohlenhydrate
14 g Eiweiß
4 g Fett

1 Die Nudeln werden etwas kürzer als in der Packungsangabe notiert im Wassertopf gegart.

2 Paprika waschen, von den Samen befreien und danach zu Würfeln verarbeiten. Zwiebel schälen und klein schneiden. Den Käse mittels Reibe raspeln.

3 Im Topf das Öl erhitzen. Zwiebel und Paprika braten darin, bis sie weich sind. Jetzt werden sämtliche Gewürze und Kräuter untergerührt. Das Ganze köchelt circa 5-7 Minuten.

4 Backofen auf 180 Grad Celsius Ober-/Unterhitze aufheizen. Die fast garen Makkaroni abgießen. In einer Schüssel werden sie mit dem Joghurt vermengt. Banane schälen, mit der Gabel zerdrücken und unter die Masse rühren. Dieser Schüsselinhalt landet folglich bei niedriger Hitze für 2 Minuten auf dem Herd.

5 Vom Käse circa 100 g zur Seite legen. Die restlichen Raspel werden den Makkaroni hinzugefügt.

6 Auflaufform einfetten und mit der Makkaroni-Milch-Mischung füllen. Der Makkaronikuchen backt circa 25 Minuten, bis die Käsedeckschicht gut geschmolzen ist. In 3-5 Minuten wird die Decke nun noch knusprig braun gegrillt.

HONEY MAC 'N' CHEESE (HONIGNUDELN)

4 Port.

50 Min.

Leicht

Zutaten:

1 kg Nudeln nach Wahl
300 g veganer Cheddar
300 g veganer Mozzarella
50 g Kekse
500 ml Pflanzenmilch
150-200 ml Wasser
1 Zwiebel
1 EL Leinsamen (geschrotet)
2 TL Honig
1 TL Paprikapulver
1 TL Scotch Bonnet (getrocknet)

Küchenutensilien:

1 Kochtopf
1 Tasse
1 Schüssel
1 Auflaufform
Backofen

Nährwerte p. P.

924 kcal
80 g Kohlenhydrate
44 g Eiweiß
47 g Fett

1 Im Kochtopf Nudeln nur etwa 10-12 Minuten kochen. Leinsamen in einer Tasse Wasser circa 10 Minuten quellen lassen. Zwiebel schälen und fein hacken.

2 Backofen auf 160 Grad Celsius Ober-/Unterhitze aufheizen. Derweil wird in einer Schüssel aus Milch, den gequollenen Leinsamen und Honig eine Soße zubereitet. Diese mit Paprikapulver, Zwiebeln und Chili würzen.

3 Käse klein schneiden sowie die Kekse zerbröseln. In der Auflaufform werden die Nudeln verteilt. Darüber wird die Soße gegossen. Zum Schluss wird eine Decke aus Käsevariation aufgelegt. Auf dem Käse werden die Kekskrümel verteilt.

4 Im Ofen backt der Auflauf nun in 25 Minuten goldbraun und knusprig.

BROWN STEWED PASTA (BRAUNE NUDELN)

 4 Port.

 40 Min.

 Leicht

Zutaten:

500 g Penne-Nudeln
200 ml Wasser
4 Knoblauchzehen
2 Frühlingszwiebeln
1 Zwiebel
1 Möhre
½ gelbe Paprika
½ orange Paprika
½ grüne Paprika
½ rote Paprika
2 EL Olivenöl
1 EL Sirup
1 EL Sojasoße
1 TL schwarzer Pfeffer
1 TL Thymian (getrocknet)

Küchenutensilien:

1 Kochtopf
1 Sieb
1 Pfanne
1 Schüssel

Nährwerte p. P.

533 kcal
91 g Kohlenhydrate
17 g Eiweiß
12 g Fett

1 Knoblauch schälen sowie hacken. Zwiebel schälen und zu Würfeln schneiden. Frühlings-zwiebeln putzen und zu Streifen verarbeiten. Möhre schälen, abwaschen und ebenso in Streifen schneiden. Die Paprika waschen, die Samen entfernen und das Fleisch zu kleinen Würfeln schneiden.

2 Nudeln in einem Topf gemäß der Anleitung kochen. Sie werden danach kalt abgespült und tropfen im Sieb ab.

3 Derweil wird das Öl in der Pfanne auf Temperatur gebracht. Folglich landen die Zwiebelgemüsesorten darin. Danach werden Paprika und Möhren hinzugefügt. Alles kocht, bis es weich ist und karamellisiert.

4 In einer Schüssel werden nun 200 ml Wasser mit den übrigen Zutaten vermengt. Diese Mischung wird in die Pfanne gegeben und kocht circa 5 Minuten.

5 Zum Schluss werden die Nudeln mit der Soße gut durchgemischt und erwärmt. .

PUMPKIN PASTA (KÜRBISNUDELN)

4 Port. 1 Std. Leicht

Zutaten:

500 g Kürbis (bspw. Butternusskürbis)
500 g Penne-Nudeln
200 g Kokosjoghurt
400 ml Kokosmilch
6 frische Thymianzweige
2 Rosmarinzweige
1 Knoblauchknolle
1 Zwiebel
1 rote Paprika
1 grüne Paprika
1 gelbe Paprika
1 Scotch Bonnet (oder Chilischote)
1 Handvoll Petersilie
3 EL Olivenöl
1 EL goldener Sirup
1 TL schwarzer Pfeffer (frisch gemahlen)

Küchenutensilien:

2 Töpfe
1 Schüssel
1 Standmixer
1 Backblech
Backofen
Backpapier

Nährwerte p. P.

686 kcal
59 g Kohlenhydrate
15 g Eiweiß
43 g Fett

1 Kürbis schälen sowie von Fasern und Kernen befreien. Das Fruchtfleisch wird klein gewürfelt. Thymian, Petersilie und Rosmarin waschen, trocken schütteln sowie die Blätter hacken. Zwiebel und Knoblauch schälen. Die Zwiebel wird zu Ringen verarbeitet, während der Knoblauch fein gehackt wird.

2 Backofen auf 170 Grad Celsius Ober-/Unterhitze vorheizen. Das Backblech wird mit Backpapier ausgelegt. Paprika und Chili waschen, halbieren und von den Samen befreien. Die Häutchen sollten entfernt werden. Danach wird das Gemüse zu kleinen Würfeln verarbeitet.

3 Nudeln entsprechend der Packungsanleitung in einem großen Topf kochen.

4 In einer Schüssel werden Kürbiswürfel mit Knoblauch und Chili vermischt. Der Mix wird auf dem Blech verteilt. Darüber wird ein wenig Öl geträufelt sowie der frische Pfeffer verteilt. In 25 Minuten sollte das Ganze weich gegart und leicht karamellisiert sein.

5 Nach circa 5 Minuten Abkühlung landet der Kürbis vom Blech samt Rosmarin, Thymian und Joghurt im Standmixer. Alles wird grob gemixt. Danach die Hälfte der Milch sowie den Sirup angießen. Das Ganze wird nun glatt püriert.

6 Nun wird im großen Topf das restliche Öl erhitzt. Zwiebeln sowie Paprika landen darin. Nach etwa 5 Minuten wird die Kürbissoße hinzugefügt. Der Topf wird mit der restlichen Kokosmilch aufgefüllt. Alles gut durchmischen und noch 5 Minuten zugedeckt köcheln lassen. Die Soße wird vor dem Servieren auf die Nudeln gegeben.

JERK SPICED LENTIL BOLOGNESE (GEWÜRZTE LINSENBOLOGNESE)

 4 Port.

 40 Min.

 Leicht

Zutaten:

800 g Linsen
800 g gehackte Tomaten (2 Dosen)
320 g Spaghetti
30 g Petersilie (gehackt)
4 Knoblauchzehen
3 Frühlingszwiebeln
1 Zwiebel
1 rote Paprika
1 Scotch Bonnet (oder Chilischote)
1 TL Olivenöl
1 TL Thymian (getrocknet)
1 TL schwarzer Pfeffer (gemahlen)
1 TL Piment (gemahlen)

Küchenutensilien:

1 Sieb
1 Kochtopf
1 Pfanne

Nährwerte p. P.

680 kcal
98 g Kohlenhydrate
52 g Eiweiß
3 g Fett

1 Die Linsen aus der Dose werden abgespült und tropfen in einem Sieb ab. Nudeln gemäß der Packungsbeilage im Wassertopf kochen. Im Anschluss daran werden sie im Sieb abgetropft.

2 Knoblauch und Zwiebel schälen sowie klein würfeln. Frühlingszwiebeln putzen und da-nach zu Scheiben schneiden. Paprika und Chili halbieren und von den Kernen befreien. Danach werden sie klein gewürfelt.

3 In der Pfanne wird folglich das Öl erhitzt. Das Zwiebelgemüse und die Chili braten darin circa 5-7 Minuten an. Sie sollten weich werden.

4 Anschließend werden die Tomaten beigemengt. Das Ganze wird mit Pfeffer, Piment und Thymian gewürzt.

5 Paprikawürfel und Linsen werden der Pfanne hinzugefügt und gut untergerührt. Nun köchelt der Inhalt bei mittlerer Hitze circa 10 Minuten.

6 Die Spaghetti werden auf dem Teller arrangiert. Darauf wird die Linsenbolognese gegeben und mit Petersilie garniert.

Hauptgerichte mit Reis

Reis ist der Hungerstiller schlechthin. In großen Mengen ist er zu günstigen Preisen zu erstehen und hält unbehandelt, in natürlicher Form, jede Menge Pflanzenstoffe parat. Seine eigene Geschmacksneutralität ermöglicht ein schier unendlich großes Einsatzspektrum. Derweil kommt das Reiskorn als leichte Zutat daher, sodass jeder Löffel im Einklang mit den korrespondierenden Zutaten von einem frischen und lockeren Geschmackserlebnis geprägt sein wird.

GRILLED ITAL RASTA BOWL (GEGRILLTE ITAL-RASTA-BOWL)

8 Port.

45 Min.

Mittel

Zutaten:

500 g Basmatireis (oder Langkornreis)
500 ml Gemüsebrühe (ungesalzen)
400 ml Kokosnussmilch
4 reife Kochbananen
3 Zweige Thymian
2 Zucchini
1 Zwiebel
1 grüne Paprikaschote
1 gelbe Paprikaschote
1 rote Paprikaschote
1 g Süßkartoffel
½ Bund Koriander
3 EL Ital-BBQ-Soße
3 EL Avocadoöl
½ TL schwarzer Pfeffer

Küchenutensilien:

1 Schüssel
1 Kochtopf
1 Backblech
Backofen

Nährwerte p. P.

599 kcal
92 g Kohlenhydrate
9 g Eiweiß
24 g Fett

1 Paprikaschoten waschen, halbieren sowie von Stiel und Kernen befreien. Kar-toffel schälen sowie zu etwa 6 mm dicken Scheiben schneiden. Zwiebel schälen, Koriander waschen sowie trocknen und beides fein hacken. Kochbananen sowie Zucchini gut säubern und halbieren.

2 Backofen auf 200 Grad Celsius Ober-/Unterhitze aufheizen. In einer Schüssel werden die Gemüsestücke außer den Zwiebeln gut vermengt und mit der Ital-BBQ-Soße beträufelt. Das Ganze zieht abgedeckt circa 20 Minuten durch.

3 Im Kochtopf werden in 2 EL Öl die Zwiebeln für 1 Minute erhitzt. Danach landet der Reis im Topf. Dieser wird gut verrührt und anschließend mit Kokosmilch und Brühe aufgegossen. Sämtliche Gewürze und Kräuter gehören jetzt in den Kochtopf. Kurz aufkochen und danach bei niedriger Temperatur circa 15-20 Minuten garen lassen.

4 Inzwischen wird das Gemüse auf dem Backblech verteilt. Unter dem Grill gart das Gemüse erst 3 Minuten von der einen und 2 Minuten von der anderen Seite. Danach gart es auf einer unteren Schiene abgedeckt circa 15 Minuten fertig.

5 Kochbananenhälften mit dem restlichen Öl bestreichen und 3-5 Minuten im Ofen grillen. Abschließend Reis und Gemüse mischen. Die Bananen vor dem Servieren darauflegen.

GRILLED EGGPLANT (GEGRILLTE AUBERGINE)

4 Port.

30 Min.

Leicht

Zutaten:

500 g Basmatireis
250 ml Ital-Tomatensoße
4 Knoblauchzehen
3 grüne Zwiebeln
2 Auberginen
1 Habanero-Chilischote
3 EL Ahornsirup (oder Honig, Kokosblütenzucker)
3 EL Limettensaft
2 EL geschmolzenes Kokosnussöl
2 EL Thymian (frisch)
1 EL Ingwer (frisch gerieben)
1 EL Zimt (gemahlen)
1 EL Koriander (gemahlen)
½ EL Cayennepfeffer

Küchenutensilien:

1 Kochtopf
1 Schüssel
1 Topf
1 Pfanne
1 Grillpfanne

Nährwerte p. P.

255 kcal
58 g Kohlenhydrate
5 g Eiweiß
1 g Fett

1 Reis gemäß der Anleitung im Kochtopf garen.

2 Zwiebeln schälen sowie zu Scheiben schneiden. Knoblauch schälen und fein hacken. Chili waschen, die Samen auslösen und die Schote klein schneiden.

3 In der Schüssel werden sämtliche Gewürze, Kräuter und Ingwer mit dem Limettensaft vermengt. Das im Topf zerlassene Kokosöl sowie Zwiebeln, Knoblauch und Chili werden diesem Schüsselinhalt untergerührt. Zum Schluss kommt der Ahornsirup in die Marinade. Alles gut umrühren.

4 Auberginen waschen sowie in circa 2 cm dicke Scheiben schneiden. Beide Seiten werden mit der Marinade aus Schritt 3 eingestrichen.

5 In der Pfanne die Ital-Tomatensoße erhitzen und den Reis anschließend einrühren. Er kocht so lange, bis die Soße eingekocht ist.

6 In der Grillpfanne mit ein wenig Öl die Auberginensteaks in Rationen beidseitig goldbraun grillen. Dafür müssten 3-5 Minuten pro Seite ausreichen.

7 Den Tomatenreis auf den Auberginenscheiben anrichten.

Tipp: Mit veganem Käse darf diese Speise auch gern als Auflauf im Ofen gratiniert werden. Alternativ stehen auch Kokosjoghurt und Semmelbrösel als Gratin-schicht zur Verfügung.

DINNER BOWL (DINNERBOWL)

2 Port.

1 Std.
15 Min.

Leicht

Zutaten:

400 g Langkornreis
250 g Pilze
200 g Kidneybohnen
Je 125 g Brokkoli + Blumenkohl
5 Pimentkörner
4 Knoblauchzehen
1 Dose Kokosmilch
1 Zwiebel
Je ½ rote + grüne + gelbe Paprika
1 EL Olivenöl
1 TL Paprikapulver
1 TL schwarzer Pfeffer
Je 1 TL Thymian + Chili

Küchenutensilien:

1 Schüssel
1 Kochtopf
Mörser & Stößel

Nährwerte p. P.

255 kcal
58 g Kohlenhydrate
5 g Eiweiß
1 g Fett

1 Paprika waschen, deren Samen entnehmen und sie zu groben Würfeln schneiden. Knoblauch schälen und hacken. Zwiebel schälen sowie würfeln. Im Mörser werden Piment, Pfeffer und Chili zerstoßen.

2 Pilze putzen, abwaschen sowie zu Streifen schneiden. In einer Schüssel werden diese mit Paprikapulver, Thymian und den gerade zerstoßenen Gewürzen vermischt.

3 In der Pfanne werden erst das Öl, dann darin Zwiebelwürfel und der Knoblauch erhitzt. Nach circa 2-3 Minuten die Pilze hinzufügen und den Inhalt der Pfanne 5 Minuten kochen.

4 Brokkoli sowie Blumenkohl werden nach dem Waschen zu Röschen zerteilt. Sie landen in der Pilzpfanne. Das Ganze köchelt bei mittlerer Hitze circa 20 Minuten.

5 Bohnen abspülen und im Sieb abtropfen lassen. Im Kochtopf werden sie mit der Milch aufgekocht. Nachdem die Milch abgedunkelt ist, wird der Reis hinzugegeben. Die Flüssigkeit sollte zu Beginn über dem Reis stehen. Dann köchelt der Topfinhalt bei schwacher Hitze etwa 30 Minuten. Über dem Bohnenreis wird später die Röschen-Pilzpfanne angerichtet.

PUMPKIN RICE (KÜRBISREIS)

4 Port.

50 Min.

Leicht

Zutaten:

350 g Kürbis (oder Butternusskürbis)
350 g Reis
400 ml Kokosmilch
5 Zweige Thymian
4 Knoblauchzehen
1 Zwiebel
1 Scotch Bonnet
1 EL Pflanzenöl
1 TL Piment
1 TL schwarzer Pfeffer

Küchenutensilien:

1 Topf

Nährwerte p. P.

390 kcal
35 g Kohlenhydrate
6 g Eiweiß
25 g Fett

1 Kürbis schälen, die Fasern und Kerne entfernen sowie das Kürbisfleisch zu Würfeln verarbeiten. Knoblauch und Zwiebel schälen sowie klein würfeln. Chili waschen, die Samen entnehmen und die Schote klein schneiden.

2 Zwiebel und Knoblauch dünsten nun in einem Topf im heißen Öl an. Das Ganze wird mit Pfeffer und Piment gewürzt.

3 Danach Kürbis und Thymian zugeben. Jetzt wird die Milch angegossen und verrührt. Nachdem die Chili untergemischt worden ist, köchelt die Kürbispfanne noch circa 15 Minuten.

4 Reis hinzufügen und mit Wasser auffüllen, sodass der Reis mit Flüssigkeit bedeckt ist. Nun kocht der Topf auf. Danach gart der Kürbisreis auf mittlerer Hitze, bis die Flüssigkeit aufgesogen ist.

COCONUT RICE (KOKOSNUSS-REIS)

2 Port.

25 Min.

Leicht

Zutaten:

400 g Basmatireis
200 ml Wasser
100 ml Kokosmilch
1 TL vegane Butter

Küchenutensilien:

1 Sieb
1 Topf

Nährwerte p. P.

381 kcal
59 g Kohlenhydrate
7 g Eiweiß
13 g Fett

1 Reis im Sieb mehrmals auswaschen. Ein Topf wird folglich mit dem Reis und 200 ml Wasser gefüllt. Dazu wird die Milch angegossen. Das Wasser sollte über dem Reis stehen.

2 Jetzt wird das Ganze aufgekocht. Kocht es, wird die Butter untergemischt. Bei mittlerer Temperatur köchelt das Ganze nun circa 15 Minuten. Mit dem Schneebesen gelegentlich umrühren.

Tipp: Das ist eine gute Ausgangsbasis für verschiedene Geschmäcker. Zum einen locken Reisvarianten mit viel knackigem Gemüse, aber auch die süße Variante ist möglich.

STEAMED COLLARD GREENS (GEDÜNSTETER GRÜNKOHL)

4 Port.

1 Std.

Leicht

Zutaten:

1 kg Grünkohl
500 g Basmatireis
500 ml Gemüsebrühe
1 Zwiebel
3 Knoblauchzehen
2 EL Olivenöl
1 EL Weißweinessig
1 TL rote Chiliflocken
1 TL schwarzer Pfeffer
1 TL Zwiebelpulver (optional)
1 TL Knoblauchpulver (optional)

Küchenutensilien:

2 Kochtöpfe

Nährwerte p. P.

579 kcal
85 g Kohlenhydrate
17 g Eiweiß
17 g Fett

1 In einem Kochtopf wird der Reis entsprechend der Angabe auf der Verpackung zubereitet.

2 Grünkohl waschen, vom Strunk befreien sowie dessen Blätter klein schneiden. Zwiebel und Knoblauch schälen sowie fein würfeln.

3 Im zweiten Topf wird das Öl auf Temperatur gebracht. Darin braten die Zwiebeln glasig an. Danach den Knoblauch hinzufügen, umrühren und alles 2 weitere Minuten braten.

4 Grünkohl in den Topf geben. Er dünstet etwa 5 Minuten an. Danach wird der Topfinhalt gut vermischt. Die Gemüsebrühe angießen und das Ganze verrühren.

5 Nun gelangen die Gewürze sowie der Essig in den Topf. Nach dem Umrühren gart die Speise zugedeckt bei mittlerer Temperatur circa 30 Minuten. Am Ende wird der mittlerweile etwas abgekühlte, gefestigte Reis unter die Grünkohlpfanne gehoben.

Tipp: Der Essig senkt den pH-Wert des Gemüses und reduziert daher die bittere Note vieler Salate.

OKRA FRIED RICE (GEBRATENER OKRA-REIS)

4 Port.

45 Min.

Leicht

Zutaten:

750 g Reis
300 g TK-Gemüse nach Wahl
250 g Okraschoten
250 g Champignons
2 Schalotten
1 Zwiebel
1 Knoblauchzehe
1 Gewürznelke
2 EL vegane Butter (oder Erdnussöl)
2 EL Sojasoße
1 TL geröstetes Sesamöl
1 TL schwarzer Pfeffer

Küchenutensilien:

1 Kochtopf
1 Pfanne

Nährwerte p. P.

378 kcal
60 g Kohlenhydrate
11 g Eiweiß
10 g Fett

1 Den Reis nach Packungsvorgabe im Topf kochen. Für ein besseres Gelingen sollte der gekochte Reis danach ausgekühlt sein.

2 Okraschoten putzen sowie zu Scheiben schneiden. Zwiebel und Knoblauch schälen. Die Schalotten zu Scheiben verarbeiten. Die Zwiebel würfeln sowie den Knoblauch hacken. Pilze ordentlich putzen und klein schneiden.

3 Die Butter in einer Pfanne erhitzen. Darin braten Zwiebeln und Knoblauch 2 Minuten an. Danach werden die Okraschoten hinzugegeben. Unter stetem Umrühren kocht das Ganze 5 Minuten.

4 Jetzt landen Pilze sowie das Gemüse in der Pfanne. Für 7 Minuten brät es unter ständigem Rühren.

5 Reis in die Pfanne geben und die Sojasoße untermischen. Erneut unter stetem Rühren brät die Reispfanne für weitere 7 Minuten. Nun wird mit Pfeffer und Gewürznelke gewürzt.

6 Final wird die Pfanne vom Herd genommen und das Sesamöl untergemischt. Es darf nicht mitkochen, sondern ist nur für die Würze gedacht.

Hauptgerichte mit Kartoffeln

Kartoffeln gehören in der Karibik schon viel eher zum Küchenalltag als in Europa. Und dennoch verbinden wir wenige Assoziationen mit diesem Gemüse und beispielsweise der jamaikanischen Küche. Doch auch die Rastafaris wissen, welch wundervolle Inhaltsstoffe und Kraftreserven in Kartoffeln stecken. Und mit ihrer Verwandten – der Süßkartoffel (Batate) – hat sie uns noch einen ganz anderen Geschmacksträger zu bieten. Auf die Geschmacks-vielfalt der Ital-Küche!

POTATO STEW (KARTOFFELEINTOPF)

4 Port.

1 Std.

Leicht

Zutaten:

450 g Kürbis
400 g Kartoffeln
250 g Kohlblätter (oder Spinat)
100 g Okraschoten
500 ml Wasser
500 ml Kokosmilch
4 Knoblauchzehen
4 Zweige Thymian (oder ½ TL getrockneter Thymian)
3 Möhren
3 Frühlingszwiebeln
2 Lorbeerblätter
1 Zwiebel
1 gelbe Kochbanane
1 Handvoll Koriander
1 EL Olivenöl
1 EL Limettensaft
1 TL Pimentkörner
1 TL schwarzer Pfeffer (gemahlen)

Küchenutensilien:

1 Kochtopf
1 Gabel

Nährwerte p. P.

515 kcal
39 g Kohlenhydrate
8 g Eiweiß
35 g Fett

1 Kürbis schälen, von faserigen Bestandteilen befreien sowie zu mundgerechten Abschnitten schneiden. Kartoffeln und Möhren schälen sowie zu groben Würfeln teilen. Kohl und Okraschoten gründlich waschen. Die Kohlblätter abtrennen, die Schoten halbieren. Banane schälen sowie zu Scheiben schneiden.

2 Im Topf wird als Erstes das Öl bei mittlerer Temperatur erhitzt. Zwiebel schälen, klein schneiden und in den Topf geben. Knoblauch schälen sowie klein schneiden. Dieser wird nach etwa 4 Minuten samt Piment und Thymian dazugegeben.

3 Nach einer weiteren Minute werden Frühlingszwiebeln (gesäubert + im Ganzen) sowie die Lorbeerblätter hinzugefügt. Das Ganze wird mit 500 ml Wasser und der Milch aufgegossen. Nach dem Aufkochen wird der Kürbis in den Topf gegeben. Jetzt kocht der Inhalt 5 Minuten auf, bevor die Hitze reduziert wird.

4 Jetzt werden Kartoffeln hinzugegeben, diese kochen 3 Minuten mit. Danach werden Okraschoten, Kochbananen und Möhren untergemengt. Das Stew köchelt nun noch etwa 5 Minuten vor sich hin.

5 Anschließend werden Frühlingszwiebeln, Lorbeerblätter und Thymian entnommen. Die Gemüsebestandteile mit einer Gabel durchstechen. Wenn die Kohl-blätter untergemischt worden sind, sollte die Speise nur noch circa 5 Minuten köcheln.

6 Wenn das Gemüse gar ist, wird der Topf vom Herd genommen. Final wird mit Pfeffer sowie dem Limettensaft gewürzt. On top wird frisch gehackter Koriander gegeben.

BAKED MASH POTATOES (GEBACKENES KARTOFFELPÜREE)

 6 Port.
 45 Min.
 Leicht

Zutaten:

1 kg Kartoffeln
100-150 g Semmelbrösel
1 Becher Kokosjoghurt
2 EL Pflanzenöl
1 TL Petersilie (getrocknet)

Küchenutensilien:

1 Kochtopf
1 Pürierstab
1 Backform
Backofen

Nährwerte p. P.

275 kcal
48 g Kohlenhydrate
8 g Eiweiß
5 g Fett

1 Kartoffeln schälen sowie im Kochtopf 15-20 Minuten weichkochen. Anschließend werden sie gleich im abgegossenen Topf püriert.

2 Backofen auf 200 Grad Celsius Ober-/Unterhitze aufheizen. Die Form wird mit 1 EL Öl eingerieben.

3 Dem Püree den Joghurt sowie die Petersilie unterheben. Der letzte EL Öl wird ebenso untergemischt.

4 Das Kartoffelpüree in die Auflaufform füllen. Nun wird es mit den Semmelbröseln bedeckt. Das Ganze backt circa 15 Minuten, bis die Decke goldbraun er-scheint.

COCONUT-CURRY (KOKOSCURRY)

4 Port.

1 Std.

Leicht

Zutaten:

250 g Kürbis
200 g Süßkartoffeln
150 g Okra
100 g Yamswurzel
400 ml Kokosmilch
2 Scotch Bonnets
2 Thymianzweige
1 Zwiebel
1 Cho Cho
1 Banane
½ rote Zwiebel
1 EL Pflanzenöl
2 TL schwarzer Pfeffer
2 TL Paprikapulver
2 TL Knoblauchpulver
2 TL Ingwer (frisch gerieben)
2 TL Currypulver

Küchenutensilien:

1 Topf

Nährwerte p. P.

416 kcal
38 g Kohlenhydrate
6 g Eiweiß
25 g Fett

1 Kürbis und Kartoffeln schälen sowie zu Würfeln schneiden. Okra waschen und zu mund-gerechten Stücken verarbeiten. Yamswurzel putzen und klein schneiden. Cho Cho waschen sowie zu kleinen Würfeln schneiden.

2 Zwiebeln schälen und fein hacken. Chili waschen, die Kerne auslösen und die Schote klein schneiden. Banane schälen und zu kleinen Scheiben verarbeiten.

3 Im Öl braten die Zwiebeln im Topf 2 Minuten scharf an. Darin werden sämtliche Gewürze, außer Curry, untergehoben.

4 Kürbis und Batate hinzufügen und alles gut vermengen. Danach wird die Milch angegossen. 200 ml Wasser angießen und den Topf 20 Minuten köcheln lassen.

5 Jetzt landen die anderen geschnittenen Gemüsesorten im Topf. Die frischen Thymian-zweige werden hinzugefügt. Das Curry untermischen und alles weitere 15 Minuten garen. Die Zweige vor dem Servieren entfernen.

JAMAICAN FESTIVAL BALL

8 Port. 55 Min. Mittel

Zutaten:

500 g Vollkornmehl
200 g Maismehl
400 ml Kokosmilch
200 ml Pflanzenöl
100 ml Wasser
8 Süßkartoffeln
4 Möhren
1 Knollensellerie
1 rote Paprika
1 grüne Paprika
1 Scotch Bonnet
1 Vanilleschote
1 EL Honig

Küchenutensilien:

1 Schüssel
1 Topf
1 Sieb
1 Pfanne
1 Küchentuch
Bananenblätter (oder Alufolie)

Nährwerte p. P.

622 kcal
65 g Kohlenhydrate
11 g Eiweiß
34 g Fett

1 In einer Schüssel werden die Mehlsorten miteinander vermischt. Dann werden der Honig und das ausgeschabte Vanillemark untergehoben. Das Ganze wird samt 100 ml Wasser zu einem Teig verknetet. Die Konsistenz wird mit entsprechend mehr Wasser individuell geregelt.

2 Teig zu einem Ball formen und in Bananenblättern für 15 Minuten kühl lagern.

3 Gemüse notfalls schälen, eventuell von Kernen befreien sowie zu kleinen Stücken schnei-den. Die Kartoffeln kochen im Topf circa 10 Minuten. In den letzten 3 Minuten werden Möhren, Sellerie und Paprika hinzugegeben.

4 Den Gemüsetopf mit dem Sieb abseihen. In der Pfanne mit 2 EL Öl braten diese 5 Minuten an. Danach wird bei mittlerer Temperatur die Milch angegossen. Nun Chili unterheben. Den Gemüse-Mix nochmals 5 Minuten köcheln lassen.

5 Anschließend wird der Teig zu 8 kleineren Bällen geformt. Mit dem Daumen wird ein Loch in jeden Teigling gedrückt. Darin landet der Gemüsemix. Die Teigbälle wieder verschließen.

6 Im Topf mit dem restlichen, erhitzten Öl braten die Teigkugeln nun in circa 5 Minuten rundherum goldbraun. Sie tropfen auf dem Küchentuch ab.

ROASTED VEGETABLES (GEBRATENES GEMÜSE)

4 Port. 1 Std. Leicht

Zutaten:

200 g Süßkartoffeln
200 g Kokosjoghurt
8 Knoblauchzehen
4 Rote Bete
2 Möhren
2 Paprikaschoten
2 Zucchini
2 Kochbananen
1 Butternusskürbis
1 Aubergine
½ Blumenkohl
½ Gurke
2 EL Olivenöl
1 EL Zitronensaft
2 TL Thymian (getrocknet)
1 TL schwarzer Pfeffer
1 TL Paprikapulver
1 TL Chilipulver

Küchenutensilien:

2 Rührschüsseln
1 Schüssel
1 Backblech
Backofen
Backpapier

Nährwerte p. P.

443 kcal
50 g Kohlenhydrate
7 g Eiweiß
24 g Fett

1 Gemüse waschen, putzen sowie von Steinen, Kernen und Fasern befreien. Alles wird zu groben Stücken zerkleinert. Am besten wird die Menge gleich auf zwei Schüsseln verteilt. Knoblauch schälen sowie 4 Zehen davon grob schneiden. Das Ganze mit Pfeffer, Thymian, Paprikapulver und der Hälfte des Knoblauchs würzen.

2 Backofen auf 170 Grad Celsius Ober-/Unterhitze aufheizen. Das Blech wird mit Backpapier belegt. Nun wird das Gemüse auf dem Blech verteilt. Das Ganze wird mit Olivenöl beträufelt. Im Ofen gart das Ganze circa 30-35 Minuten. Nach der Hälfte sollte gewendet werden.

3 Währenddessen wird die Gurke geputzt und in eine Schüssel geraspelt. Die restlichen Knoblauchzehen fein hacken. Sie werden mit dem Joghurt und den Gurkenraspeln gemischt. Dazu werden das Chilipulver und der Zitronensaft gegeben. Alles gut vermischen.

4 Das Gemüse wird mit der Knoblauchsoße als Topping serviert.

Tipp: Dieses Gericht lässt sich spielend einfach zu einer Hauptmahlzeit aufwerten. Dazu können entweder Reis oder Couscous serviert werden – auch in der Form einer Bowl.

ITAL RUNDOWN (ITAL-RUNDOWN)

4 Port.

45 Min.

Leicht

Zutaten:

150 g Kürbis (bspw. Butternusskürbis)
150 g Süßkartoffeln
400 ml Kokosmilch
100 ml Gemüsebrühe (ungesalzen)
4 Knoblauchzehen
1 Maiskolben
½ Cho Cho
½ grüne Paprika
½ rote Paprika
½ Zwiebel
½ Scotch Bonnet
2 EL Pflanzenöl
1 TL Piment
1 TL schwarzer Pfeffer
1 TL Ingwer
Frischer Thymian

Küchenutensilien:

1 Sieb
1 Gemüsereibe
1 tiefe, große Pfanne

Nährwerte p. P.

391 kcal
21 g Kohlenhydrate
4 g Eiweiß
32 g Fett

1 Kürbis halbieren sowie von faserigen Strukturen befreien. Das Fruchtfleisch wird gewürfelt. Süßkartoffeln schälen sowie zu groben Würfeln verarbeiten. Knoblauch sowie Zwiebel schälen und fein hacken.

2 Paprika halbieren, von Kernen befreien und zu Streifen schneiden. Cho Cho waschen, halbieren sowie zu groben Stücken verarbeiten. Maiskörner entnehmen, putzen und im Sieb abtropfen lassen. Chili waschen, halbieren und ohne Kerne klein hacken. Ingwer schälen und fein reiben.

3 Pflanzenöl in der tiefen Pfanne erhitzen. In dieses werden Zwiebel und Knoblauch gegeben. Bei mittlerer Hitze dünstet der Inhalt weich.

4 Jetzt werden sämtliche Gewürze hinzugefügt. Alles umrühren und maximal 1 Minute köcheln lassen. Danach werden die Gemüsezutaten beigemengt.

5 Milch sowie Brühe angießen. Nochmals alles gut umrühren und circa 15-20 Minuten weich kochen.

SÜSSKARTOFFELAUFLAUF

6 Port. 1 Std. Leicht

Zutaten:

1 kg Süßkartoffeln
Saft + Schalenabrieb einer Orange
6 EL Vollrohrzucker
4 EL Kokosnussbutter
3 EL Honig
½ TL Muskatnuss (frisch gerieben)
Etwas Tomatensaft
Pfeffer

Küchenutensilien:

1 Kochtopf
1 Schüssel
(1 Kartoffelstampfer)
1 Ofenform

Nährwerte p. P.

512 kcal
72 g Kohlenhydrate
5 g Eiweiß
22 g Fett

1 Im großen Kochtopf garen die Kartoffeln erst einmal 20-25 Minuten inklusive Schale. Sie kühlen anschließend ab. Sind sie abgekühlt, werden sie geschält sowie in einer Schüssel zerdrückt. Die Butter sowie Schalenabrieb plus Saft der Orange landen ebenso darin. Alles wird gut durchgemischt.

2 Gemäß dem persönlichen Geschmack wird die Masse mit Muskat, Pfeffer und Tomatensaft gewürzt. Die Auflaufform einfetten sowie mit der Süßkartoffelmasse füllen.

3 Mit einem Holzstiel oder dem Finger kleine Löcher in den Brei bohren. In diese wird der Honig geträufelt. Die Löcher werden wieder verschlossen. Danach wird das Ganze dünn mit braunem Zucker bestreut.

4 Im Ofen backt der Auflauf jetzt circa 20 Minuten. Das Gericht ist fertig, wenn die Masse zu blubbern beginnt. Es passt hervorragend zu getoastetem Schwarzbrot und einer Tasse Minztee.

Weitere Hauptgerichte

Außer diesen drei Extrakategorien mit den Schwerpunkten auf Nudeln, Reis und Kartoffeln stehen in der jamaikanischen Ital-Küche jede Menge andere Zutaten im Fokus. Vollmundige Speisen mit besonderer Aromavielfalt zeichnet diese Küche schließlich aus. Und so finden unterschiedliche Gemüsesorten nun ihre berechtigte Bühne!

JERK CHICKPEAS (RAUCH-KICHERERBSEN)

4 Port.

8 Std. 30 Min.

Leicht

Zutaten:

500 g Kichererbsen, gekocht
125 ml Wasser
2 Zwiebeln, gewürfelt
2 Knoblauchzehen, gewürfelt
2 Zweige Thymian
2 EL Olivenöl
2 EL Jerk-Marinade
1 TL Knoblauchpulver
1 TL Zwiebelpulver
1 TL Sojasoße
½ TL schwarzer Pfeffer

Küchenutensilien:

1 luftdichter Behälter
1 Topf

Nährwerte p. P.

275 kcal
26 g Kohlenhydrate
9 g Eiweiß
14 g Fett

1 Im Wassertopf werden die abgespülten Kichererbsen weichgekocht. Sind sie gar, werden sie in einem luftdichten Behälter gut gemischt mit Sojasoße und Jerk-Marinade im Kühl-schrank gelagert. Der Zeitraum sollte mindestens 1 Stunde betragen, besser wäre über Nacht.

2 Im Topf wird das Öl bei hoher Hitze auf Temperatur gebracht. Nur 1 Minute lang braten die Zwiebeln darin an. Jetzt werden Knoblauch und der Thymian hinzugefügt.

3 Nach einer weiteren Minute landen die marinierten Erbsen im Topf. Alles gut umrühren. Die Erbsen sollten unter gelegentlichem Umrühren leicht anbräunen. Nun werden die übrige Marinade aus dem Behälter sowie die restlichen Gewürze dazugegeben.

4 Den Topfinhalt mit 125 ml Wasser auffüllen. Das Ganze köchelt bei mittlerer Temperatur zugedeckt circa 6-8 Minuten vor sich hin.

STIR-FRY CABBAGE (PFANNENGERÜHRTER KOHL)

4 Port.

30 Min.

Leicht

Zutaten:

200 g Möhren
50 ml Kokosmilch
1 Weißkohl
4 Frühlingszwiebeln
1 Zwiebel
¼ rote Paprika
¼ grüne Paprika
¼ gelbe Paprika
2 EL Olivenöl
1 TL Thymian (getrocknet)
1 TL schwarzer Pfeffer

Küchenutensilien:

1 Gemüsereibe
1 Pfanne

Nährwerte p. P.

230 kcal
16 g Kohlenhydrate
5 g Eiweiß
15 g Fett

1 Den Kohl halbieren, vom Strunk befreien und anschließend ebenso zu Streifen verarbeiten. Frühlingszwiebeln putzen sowie zu Ringen schneiden. Zwiebel schälen und fein hacken.

2 Möhren putzen, schälen und zu groben Streifen schneiden. Paprika putzen, deren Samen entfernen und alle Schoten zu feinen Streifen verarbeiten.

3 In der Pfanne wird folglich das Olivenöl auf hohe Temperatur erhitzt. Für 2 Minuten landen nun die Möhrenraspel darin. Unter stetem Rühren wird anschließend der Kohl beigemengt. Er verbleibt für weitere 2 Minuten bei hoher Temperatur darin.

4 Nun wird die Temperatur herabgedreht. Danach werden Zwiebel, Paprika und Frühlings-zwiebeln hinzugefügt. Das Ganze wird mit den Gewürzen abgeschmeckt und gut verrührt. Jetzt wird vorsichtig Milch angegossen. Zugedeckt köchelt das Gericht bei mittlerer Hitze circa 10 Minuten.

FRIED YAMS (GEBRATENE YAMSWURZEL)

4 Port.

25 Min.

Leicht

Zutaten:

600 g Yamswurzel
200 ml Frittieröl
150 ml Kokosmilch
1 Scotch Bonnet
1 rote Paprika
2 TL Maismehl
1 TL Thymian (getrocknet)
1 TL schwarzer Pfeffer

Küchenutensilien:

2 Schüsseln
1 Topf
1 Küchentuch
1 Standmixer
1 Kochtopf

Nährwerte p. P.

448 kcal
24 g Kohlenhydrate
3 g Eiweiß
37 g Fett

1 Yamswurzel schälen, waschen und in bestenfalls gleichförmige dicke Stifte schneiden. Im kochenden Wassertopf weichen diese in 10 Minuten. Anschließend tropfen sie im Küchentuch ab.

2 In der Schüssel wird eine Hälfte der Yams-Frites mit Thymian und Pfeffer gewürzt. Es werden das Maismehl und die Kokosmilch hinzugefügt. Das Ganze weicht weitere 5 Minuten ein.

3 Derweil werden die Chili und die entkernte Paprika mit dem Standmixer glatt püriert. Die Masse kommt zu den restlichen Yams-Frites in die zweite Schüssel. Auch hier sollten alle Sticks rundherum mit der Masse bedeckt sein.

4 Das Frittieröl im Topf erhitzen. Die Yamswurzelstücke backen darin aus, bis sie goldgelb sind. In Schüben werden alle Sticks frittiert.

VEGAN PLATTER (VEGANE PLATTE)

 4 Port.

 40 Min.

 Leicht

Zutaten:

540 g Ackee
240 g Callaloo
2 Kochbananen
1 Scotch Bonnet
1 Zwiebel
¼ rote Paprika
¼ grüne Paprika
4 EL Olivenöl
3 TL Thymian
3 TL Paprikapulver
3 TL schwarzer Pfeffer

Küchenutensilien:

2 Pfannen
Küchenpapier

Nährwerte p. P.

311 kcal
69 g Kohlenhydrate
6 g Eiweiß
1 g Fett

1 Paprika halbieren, von den Samen befreien und zu kleinen Stücken schneiden. Zwiebel schälen sowie klein hacken. Chili putzen, deren Kerne entnehmen und zu kleinen Würfeln schneiden. Ackee putzen, von Samen befreien und klein schneiden. Callaloo waschen, trocken schütteln und zu kleinen Streifen verarbeiten.

2 Bananen schälen sowie schräg anschneiden. Sie landen mit Thymian, Paprika und Pfeffer in einer Schüssel.

3 In der Pfanne werden 2 EL Öl erhitzt. Bei starker Hitze brät die Kochbanane darin gold-braun an. Auf dem Küchenpapier tropft sie anschließend ab.

4 In der zweiten Pfanne werden die Zwiebelstücke in 1 EL Öl bei starker Hitze für 2 Minuten gebraten. Es folgen für weitere 2 Minuten Paprika und Chili. Erst anschließend wird der Callaloo hinzugefügt und alles gut umgerührt. Der Pfanneninhalt gart 2-3 Minuten.

5 Das restliche Öl wird angegossen und der Ackee in die Pfanne gegeben. Auf mittlerer Stufe köchelt das Ganze nun noch 5 Minuten. Callaloo-Ackee anrichten und auf einer Seite die Kochbananen ansetzen.

SWEET AND SOUR TOFU (SÜSS-SAURER TOFU)

4 Port. 40 Min. Leicht

Zutaten:

450 g Tofu
150 g Ananas
150 g Brokkoli
2 Frühlingszwiebeln
½ rote Zwiebel
½ rote Paprika
½ gelbe Paprika
½ orangefarbene Paprika
4 EL Tomatenmark
4 EL Maismehl (oder Semmelbrösel)
3 EL Pflanzenöl
2 EL Sojasoße
2 EL Ahornsirup
1 EL Knoblauch (gehackt)
1 EL Chiliflocken
1 EL Knoblauch-Ingwer-Paste
2 TL scharfe Pfeffersoße
1 TL schwarzer Pfeffer

Küchenutensilien:

1 Topf
1 kleine Pfanne
1 große Pfanne

Nährwerte p. P.

231 kcal
6 g Kohlenhydrate
6 g Eiweiß
21 g Fett

1 Tofu abwaschen sowie abtrocknen. Er wird anschließend in etwa 5 cm große Würfel geschnitten. Brokkoli waschen und zu Röschen zerteilen. Ananas schälen, vom Strunk herauslösen und zu Würfeln verarbeiten.

2 Zwiebel schälen sowie hacken. Frühlingszwiebeln putzen und grob hacken. Paprika waschen, die Samen und Häutchen entfernen und danach klein schnei-den.

3 Im Topf wird nun 1 EL Öl auf Temperatur gebracht. Darin schwitzt der Knoblauch an, bis er weich ist. Anschließend werden Chiliflocken, Tomatenmark und die beiden Soßen plus die Paste untergemischt. Nach etwa 1-2 Minuten wird der Sirup beigemengt.

4 Nach weiteren 2 Minuten werden die Ananaswürfel hinzugefügt. Das Ganze kocht erst auf, dann köchelt es unter reduzierter Hitze.

5 Den Tofu in einer Schüssel mit dem Maismehl gut wenden. Er landet in der kleinen Pfanne mit 1 EL erhitzten Öls. Beidseitig sollte der Tofu goldbraun anbraten.

6 In der großen Pfanne mit dem übrigen Öl karamellisieren folglich die Zwiebeln und Frühlingszwiebeln. Nach 5 Minuten darf das Gemüse beigemengt werden. Es wird mit Pfeffer gewürzt. Wenn es weichgekocht ist, kommen die Tofuwürfel hinzu. Das Ganze wird mit der süß-sauren Soße übergossen. Alles köchelt final 5 Minuten durch.

VEGETABLE MANGO CHUTNEY (GEMÜSE-MANGO-CHUTNEY)

4 Port.

35 Min.

Leicht

Zutaten:

200 g Champignons
200 g Zuckerschoten
200 g Kürbis
100 g Blumenkohl
100 g Brokkoli
500 ml Kokosmilch
4 Knoblauchzehen
2 Frühlingszwiebeln
1 rote Paprika
1 Zwiebel
1 Mango
½ Scotch Bonnet
2 EL Olivenöl
1 TL Ingwer (frisch gerieben)
1 TL Currypulver

Küchenutensilien:

1 Pfanne

Nährwerte p. P.

228 kcal
24 g Kohlenhydrate
6 g Eiweiß
11 g Fett

1 Pilze und Zuckerschoten putzen sowie grob schneiden. Kürbis schälen, von Fasern sowie Kernen befreien und würfeln. Blumenkohl sowie Brokkoli putzen und in Röschen teilen. Paprika sowie Chili waschen, deren Samen entnehmen und zu Würfeln verarbeiten.

2 Knoblauch sowie Zwiebel schälen und hacken. Frühlingszwiebeln putzen sowie zu Ringen schneiden. Mango schälen, vom Stein trennen sowie zu kleinen Würfeln schneiden.

3 In der Pfanne braten erst die Zwiebeln und der Knoblauch an. Danach werden die Mangostücke darin weichgekocht. Danach werden Chili, Ingwer und Curry untergerührt. Nun werden die Frühlingszwiebelringe untergemischt.

4 Das Ganze mit der Milch aufgießen. Es sollte langsam eine dicke Soße entstehen. Jetzt wird der Kürbis untergemengt und kocht 5 Minuten mit.

5 Anschließend werden die restlichen Zutaten hinzugefügt. Der Inhalt köchelt circa 10-12 Minuten.

COCONUT QUINOA AND PEAS (QUINOA-ERBSEN)

4 Port.

40 Min.

Leicht

Zutaten:

500 g Quinoa
250 g Erbsen
750 ml Gemüsebrühe (oder Wasser)
250 ml Kokosnussmilch
3 Zweige Thymian
2 Knoblauchzehen
1 Zwiebel
1 TL Knoblauchpulver
1 TL schwarzer Pfeffer (gemahlen)

Küchenutensilien:

2 Kochtöpfe

Nährwerte p. P.

668 kcal
77 g Kohlenhydrate
17 g Eiweiß
31 g Fett

1 Erbsen in einem Wassertopf nach Packungsvorgabe weichkochen. Während-dessen Zwiebel und Knoblauch schälen sowie klein würfeln. Thymian waschen, trocken schütteln sowie fein hacken.

2 Im zweiten Kochtopf werden Brühe und Milch gemeinsam aufgekocht. Nun werden die Erbsen hinzugegeben. Danach landen Zwiebeln, Knoblauch und Thymian im Erbsentopf.

3 Quinoa hinzufügen und alles gut umrühren. Bei mittlerer Hitze köchelt das Ganze zugedeckt circa 10 Minuten. Die Flüssigkeit sollte in etwa bis zum Quinoa-füllstand verdampft sein. Dabei sollte konsequent umgerührt werden.

4 Nun wird die Hitze reduziert und der Quinoa-Erbsen-Topf gart in etwa 25 Mi-nuten unter gelegentlichem Umrühren langsam vor sich hin. Vor dem Servieren mit Knoblauchpulver sowie Pfeffer würzen und alles gut durchrühren.

VEGAN PLANTAIN CURRY (VEGANES KOCHBANANEN-CURRY)

4 Port.

35 Min.

Leicht

Zutaten:

200 g Kidneybohnen
400 ml Kokosmilch
250 ml Wasser
6 Zweige Thymian
4 Pimentbeeren (oder ¼ TL gemahlener Piment)
4 Knoblauchzehen
2 Kochbananen
1 Süßkartoffel
1 rote Paprika
1 grüne Paprika
1 Tomate
1 Zwiebel
1 Handvoll Callaloo (oder Spinat)
1-2 EL Currypulver
2 EL Kokosöl
1 EL Ingwer (frisch gerieben)
1 TL schwarzer Pfeffer
1 TL Koriander (frisch gemahlen)

Küchenutensilien:

1 Sieb
1 Kochtopf

Nährwerte p. P.

466 kcal
62 g Kohlenhydrate
10 g Eiweiß
30 g Fett

1 Bohnen im Sieb abspülen sowie gut abtropfen lassen. Knoblauch und Zwiebel schälen sowie fein würfeln. Tomate halbieren, vom Blütenansatz lösen und würfeln. Paprikaschoten waschen, halbieren sowie deren Häutchen und Kerne entfernen. Die Schoten werden grob gewürfelt.

2 Süßkartoffel schälen sowie grob stückeln. Bananen schälen, zu Scheiben verarbeiten und diese anschließend halbieren.

3 Nun wird das Kokosöl im Kochtopf bei mittlerer Hitze geschmolzen. Das gesamte Zwiebelgemüse wird darin glasig gebraten. Anschließend werden Paprikawürfel und Ingwer hinzugefügt. Das Ganze sollte etwa 5 Minuten köcheln.

4 Mit den Tomaten landen folglich auch alle restlichen Gewürze im Topf. Nach etwa 2 Minuten einrühren sollte sich ein Duft entwickeln.

5 Dann werden Bohnen, Süßkartoffel- sowie feste Bananenstücke in den Kochtopf gegeben. Mit der Milch und circa 250 ml Wasser aufgegossen, wird alles erhitzt. Wenn der Inhalt kocht, den Herd auf mittlere Stufe zurückdrehen und das Curry zugedeckt 25 Minuten köcheln lassen.

6 Callaloo waschen, trocknen sowie zu groben Stücken reißen oder zu breiten Streifen schneiden. Diese werden erst 5 Minuten vor dem Ende untergehoben.

Tipp: Sollten die Kochbananen zu weich sein, dann erst kurz vor dem Callaloo in den Topf geben. Ansonsten werden sie nur Brei.

ACKEE CURRY (ACKEE-CURRY)

4 Port.

25 Min.

Leicht

Zutaten:

540 g Ackee
400 ml Kokosmilch
200 ml gehackte Tomaten (1 Dose)
2 Frühlingszwiebeln
2 Knoblauchzehen
1 Zwiebel
¼ Scotch Bonnet
1 Handvoll Callaloo
2 EL Kokosöl
2 EL Currypulver
1 EL Ahornsirup (optional)
1 EL schwarzer Pfeffer
½ TL Ingwer

Küchenutensilien:

1 Pfanne

Nährwerte p. P.

429 kcal
30 g Kohlenhydrate
7 g Eiweiß
30 g Fett

1 Frühlingszwiebeln putzen sowie würfeln. Zwiebel schälen und zu Scheiben verarbeiten. Knoblauch schälen sowie in kleine Stücke schneiden. Ingwer schälen und frisch würfeln.

2 Callaloo waschen und zu Streifen schneiden. Ackee putzen, halbieren sowie die Samen entnehmen. Das Fruchtfleisch wird anschließend grob zerkleinert. Die Chili halbieren sowie von den Kernen befreien. Sie wird klein geschnitten.

3 In der Pfanne wird das Öl bei mittlerer Temperatur erhitzt. Darin werden Zwiebel, Knoblauch und der frisch gewürfelte Ingwer nur wenige Minuten angebraten. Sie sollten brutzeln.

4 Jetzt wird das Currypulver hinzugefügt. Es röstet 1 Minute lang an. Tomaten dazugeben und die Milch angießen. Das Ganze kocht nicht mehr als eine knappe Minute.

5 Nun wird der tropische Apfel (Ackee) untergerührt. Mit Pfeffer, Frühlingszwiebeln und Chili wird die Speise abgeschmeckt. Es darf optional mit Ahornsirup gesüßt werden. Das Ackee-Curry mit einem Klecks des frischen Callaloo als Topping garnieren.

CURRY OKRA AND BUTTER BEANS (OKRA-BUTTERBOHNEN-CURRY)

4 Port.

20 Min.

Leicht

Zutaten:

500 g Butterbohnen
250 g Okraschoten
350 ml Wasser
3 Zweige Thymian
1 Möhre
1 Knoblauchzehe
1 Zwiebel
1 Frühlingszwiebel
4 EL Currypulver
1 EL Pflanzenöl

Küchenutensilien:

1 Topf

Nährwerte p. P.

136 kcal
8 g Kohlenhydrate
6 g Eiweiß
8 g Fett

1 Schoten waschen sowie zu kleinen Würfeln schneiden. Thymian waschen, abtrocknen sowie klein hacken. Knoblauch sowie Zwiebel werden geschält und gewürfelt. Möhre schälen, abwaschen und zu Würfeln verarbeiten. Frühlings-zwiebel putzen sowie würfeln.

2 Im Topf wird das Öl auf der mittleren Stufe erhitzt. Darin braten die Zwiebeln für 2-3 Minuten goldbraun an. Jetzt wird der Herd auf hohe Temperatur eingestellt. Die Okraschoten braten darin nur 5-7 Minuten.

3 Nun gelangen Möhrenwürfel, Frühlingszwiebeln, Knoblauch sowie Thymian in den Topf. Das Ganze kocht circa 5 Minuten. Dann wird der Herd auf mittlere Stufe gestellt. Jetzt werden 350 ml Wasser angegossen. Die Bohnen samt den Gewürzen landen im Topf. Zugedeckt köchelt der Inhalt circa 20 Minuten.

STEWED KIDNEY BEANS (GESCHMORTE KIDNEYBOHNEN)

6 Port.

3 Std. 15 Min.

Leicht

Zutaten:

350 g Kidneybohnen
75 g rote Paprika
75 g grüne Paprika
75 g gelbe Paprika
2 l Wasser
8 Knoblauchzehen
5 Zweige Thymian
2 Lorbeerblätter
1 Zwiebel
1 Sellerie
1 EL Kokosöl (oder Olivenöl)
2 TL Petersilie (frisch gehackt)
2 TL Salbei (gehackt)
2 TL schwarzer Pfeffer

Küchenutensilien:

1 Sieb
1 Kochtopf
1 Standmixer

Nährwerte p. P.

103 kcal
20 g Kohlenhydrate
6 g Eiweiß
1 g Fett

1 Die Bohnen weichen über Nacht in ausreichend Wasser ein. Anschließend werden sie im Sieb abgeseiht und tropfen darin ab.

2 Paprika halbieren, von den Kernen sowie Häutchen befreien und zu kleinen Würfeln verarbeiten. Knoblauch und Zwiebel schälen. Den Knoblauch hacken, die Zwiebel zu Scheiben schneiden. Sellerie schälen sowie zu groben Stücken würfeln.

3 Die Bohnen landen nun im großen Kochtopf. Dem Topf werden folglich die Hälfte der Zwiebelscheiben sowie alle restlichen Gemüsezutaten untergerührt. Danach werden Kräuter und Gewürze hinzugefügt. Alles ordentlich umrühren.

4 Jetzt werden circa 2 Liter Wasser hinzugegossen. Das Ganze wird aufgekocht. Wenn der Eintopf kocht, den Herd auf niedrige Stufe stellen und die Speise zugedeckt etwa 3 Stunden ziehen lassen.

5 Nach circa 2 ½ Stunden wird eine Tasse voll Bohnen aus dem Kochtopf entnommen. Diese werden im Standmixer püriert und erneut unter das Essen gerührt. In der letzten halben Stunde dickt die Speise nun deutlich besser ein.

6 In einer Pfanne werden derweil die restlichen Zwiebeln im Öl angebraten. Sie sollen goldbraun werden. Anschließend werden die Kräuter entnommen und die gebratenen Zwiebeln vor dem Servieren auf den Bohnen angerichtet.

Tipp: Es empfiehlt sich, aus Kräuterstängeln einen Bund zu schnüren. Dieser lässt sich am Ende der Zubereitung einfacher aus dem Topf nehmen. Zusätzlich 1 Esslöffel Kokosnussöl oder Olivenöl in den Topf geben.

BREADFRUIT RUNDOWN

8 Port.

40 Min.

Leicht

Zutaten:

400 ml Kokosmilch
3 Knoblauchzehen
2 Zweige Thymian
1 Brotfrucht
1 Zwiebel
1 Tomate
½ Paprika
1 EL Kokosöl
¼ TL Piment
¼ TL schwarzer Pfeffer

Küchenutensilien:

1 Kochtopf
1 Pfanne

Nährwerte p. P.

356 kcal
28 g Kohlenhydrate
5 g Eiweiß
25 g Fett

1 Brotfrucht waschen sowie vierteln. Die Schale abziehen und den Kern entfernen. Sie wird nun grob zerkleinert. Im großen Topf wird die Brotfrucht aufgekocht. Sie köchelt anschließend bei mittlerer Temperatur 15-20 Minuten.

2 Zwiebel und Knoblauch schälen sowie fein hacken. Paprika waschen, entkernen und anschließend klein schneiden. Tomate vom Stielansatz befreien, waschen sowie würfeln. Thymian abspülen und einzelne Blätter fein hacken.

3 In der Pfanne werden die Zwiebeln im heißen Öl erhitzt. Wenn sie weich sind, landen Knoblauch, Paprika sowie die Tomate darin. Das Ganze köchelt 2-3 Minuten, bevor die Gewürze hinzugefügt werden.

4 Brotfrucht per Sieb abseihen und dem Pfanneninhalt beimengen. Alles mit der Milch aufgießen und die Pfanne aufkochen. Die Speise köchelt circa 10 Minuten, bis die Soße richtig eindickt.

BREADFRUIT PUFFS

4 Port.

50 Min.

Leicht

Zutaten:

1 kg Brotfrucht
300 g Semmelbrösel
50 g Petersilie (frisch gehackt)
400 ml Frittieröl
50 ml Pflanzenmilch
1 EL Leinsamen (geschrotet)
1 Scotch Bonnet
½ Zwiebel
1 TL Muskat (frisch gerieben)
¼ TL schwarzer Pfeffer

Küchenutensilien:

2 Töpfe
2 Schüsseln
1 Küchentuch

Nährwerte p. P.

547 kcal
79 g Kohlenhydrate
11 g Eiweiß
20 g Fett

1 Brotfrucht vierteln sowie im Topf in circa 30-35 Minuten gabelweich garen. Anschließend wird sie geschält, entkernt sowie noch heiß im Mixer püriert.

2 In einer Schüssel mit der Milch quillt das Leinsamenschrot circa 5 Minuten. Das Püree wird folglich mit der Milch vermischt.

3 Petersilie waschen, trocken schütteln sowie fein hacken. Zwiebel schälen und Chili waschen sowie entkernen. Beides wird fein gehackt. Alle drei Zutaten wer-den dem Teig untergemischt.

4 Aus jeweils circa 1 ½ EL Teigmasse werden Kugeln geformt. Diese werden danach in der Schüssel mit der Mischung aus Semmelbröseln und Gewürzen gewälzt.

5 Im Topf das Frittieröl erhitzen. Final frittieren die Bällchen im heißen Öl, bis sie rundherum goldbraun sind. Sie tropfen auf dem Küchentuch ab.

HARD FOOD BOWL (KNACKIGE SCHÜSSEL)

4 Port.

45 Min.

Leicht

Zutaten:

300 g Vollkornmehl
280 g Callaloo
250 g gelbe Yamswurzel
100 g Maismehl
1,7 l Wasser
2 grüne Bananen
Saft einer Limette
1 TL Pflanzenöl

Küchenutensilien:

1 Kochtopf
1 Schüssel

Nährwerte p. P.

476 kcal
92 g Kohlenhydrate
14 g Eiweiß
4 g Fett

1 Im Kochtopf werden als Erstes 1,5 Liter Wasser zum Kochen gebracht. Darin werden das Öl sowie der Limettensaft vermischt. Der Deckel wird aufgesetzt.

2 In einer Schüssel die Mehlsorten miteinander vermengen. Der Mehlmischung 200 ml Wasser untermengen. Die Masse wird folglich gut verknetet sowie an-schließend zu Teigbällen geformt. Die Teigkugeln landen für 7-10 Minuten im Kochtopf.

3 Yamswurzel schälen sowie zu groben Würfeln schneiden. Diese landen ebenso für 10 Minuten im kochenden Wasser.

4 Die Enden der Banane abschneiden und die Früchte der Länge nach einritzen. Sie gehören mit Schale für wiederum 10 Minuten in den heißen Kochtopf.

5 Callaloo waschen, grob zerreißen sowie lediglich die letzten zwei Minuten in den Topf geben. In einer Dinnerschüssel werden sämtliche Bestandteile separat angeordnet.

JACKFRUIT CASSEROLE (JACKFRUITAUFLAUF)

4 Port.

1 Std 10 Min.

Leicht

Zutaten:

200 g Jackfrucht
200 g vegane Mayo
200 g Semmelbrösel
400 ml Kürbiscremesuppe (oder Pflanzenmilch)
200 ml warmes Wasser
1 Zwiebel
2 EL Leinsamen (geschrotet)
1 TL Muskat (frisch gerieben)

Küchenutensilien:

1 Topf
1 Tasse
1 Rührschüssel
1 Auflaufform
Backofen

Nährwerte p. P.

529 kcal
58 g Kohlenhydrate
10 g Eiweiß
28 g Fett

1 Jackfrucht aufbrechen und die Fleischkammern herauslösen. Sie werden für circa 10 Minuten im Kochtopf gegart. Zwiebel schälen sowie fein hacken.

2 Backofen auf 200 Grad Celsius Ober-/Unterhitze aufheizen. Leinsamen in einer Tasse warmem Wasser circa 10 Minuten quellen lassen. Sie landen anschließend mit Suppe und Mayo in einer großen Rührschüssel. Danach darf das Gericht mit den Gewürzen veredelt werden. Alles gut vermischen.

3 In die Auflaufform werden Zwiebelstücke und Jackfruchtfleisch gegeben. Die Flüssigkeit wird nun angegossen. Der Auflauf backt 45 Minuten. Nach der Hälfte der Zeit wird er mit den Semmelbröseln bedeckt.

PATTYS

6 Port.

2 Std 35 Min.

Leicht

Zutaten:

275 g Vollkornmehl
275 g vegane Butter (oder Kokosöl)
125 ml kaltes Wasser
2 Zweige Thymian
1 Kohlkopf
1 Tomate
1 Scotch Bonnet
1 Knoblauch
1 Zwiebel
¼ Scheiben einer süßen grünen Paprika
2 EL Pflanzenöl
1 Prise schwarzer Pfeffer

Küchenutensilien:

2 Töpfe
1 Schüssel
1 Sieb
1 Nudelholz
1 runder Ausstecher
Backofen

Nährwerte p. P.

461 kcal
22 g Kohlenhydrate
5 g Eiweiß
40 g Fett

1 Circa 25 g Butter im Topf zerlassen. In einer Schüssel werden 250 g Mehl und die Flüssigbutter miteinander vermengt. Jetzt wird der Teig das erste Mal zu einer leicht bröseligen Masse geknetet.

2 Danach werden 125 ml kaltes Wasser angegossen. Mit kalten Händen wird der Teig ein weiteres Mal zu einer bröseligen Masse geknetet. Er ruht für 30 Minuten kühl.

3 Die restliche Butter zu Stücken schneiden. Mit einem Sieb wird das übrige Mehl glatt darübergestreut. Das Ganze wird nun in einem Beutel mit dem Nudelholz ausgerollt. Auch dieser Teig lagert 30 Minuten kühl.

4 Den ersten Teig mit dem Flüssigbutteranteil großflächig ausrollen. Auf eine Hälfte wird der zweite Teig gegeben. Die andere Hälfte des Bodenteigs darüber-klappen. Dabei werden die Ränder gut angedrückt. Jetzt wird wieder mit dem Nudelholz ausgerollt.

5 Anschließend wird der Teig noch zweimal von unten hin zur Mitte eingeklappt und wieder ausgerollt. Danach ruht er mindestens 30 Minuten kühl.

6 Kohl waschen, halbieren und dessen Strunk entfernen. Er wird danach klein geschnitten. Tomate waschen, entstielen sowie zu Stücken verarbeiten. Knoblauch schälen und zerdrücken. Zwiebel schälen sowie hacken.

7 Chili waschen und aufschneiden. Paprika von Kernen befreien sowie zu kleinen Stücken schneiden. Thymian abbrausen und trocken schütteln.

8 Backofen auf 160 Grad Celsius Ober-/Unterhitze aufheizen. Derweil dünsten im heißen Öl Zwiebeln, Knoblauch und die Tomate im Topf an. Das Ganze wird mit Pfeffer gewürzt.

9 Paprika und Chili dazugeben. Jetzt wird der Kohl beigemengt. Alles abdecken und das Kohlgemüse mit den Thymianzweigen weichkochen. Die Kräuterzweige werden vor der Füllung des Teiges entnommen.

10 Aus dem Teig werden Kreise ausgestochen. Darauf wird mittig das Kohlgemüse platziert. Die freien Teigflächen einklappen und insgesamt zu einem Beutel oder Halbmond formen. Die Pattys nicht einstechen. Sie backen nun circa 35 Minuten auf dem ungefetteten Blech.

PULLED JERK JACKFRUIT

4 Port. 45 Min. Leicht

Zutaten:

550 g Jackfrucht
400 ml Wasser
2 EL Seasoning-Marinade
2 TL Pflanzenöl
1 TL Knoblauchpulver
1 TL Thymian (getrocknet)
1 TL Petersilie (frisch gehackt)
1 TL Paprikapulver
1 TL Limettensaft
½ TL Honig
½ TL schwarzer Pfeffer
1 Prise Zimt
1 Prise Muskat
1 Prise Piment

Küchenutensilien:

1 Küchentuch
1 Pfanne

Nährwerte p. P.

281 kcal
24 g Kohlenhydrate
3 g Eiweiß
19 g Fett

1 Jackfrucht aufbrechen und die Fleischkammern entnehmen. Sie werden kurz abgespült und tropfen ab. Im Küchentuch werden sie richtig intensiv ausgedrückt. Die Fruchtstücke sollen nun zu dünnen Scheiben verarbeitet werden.

2 Bei mittlerer Hitze braten die Fruchtstücke in 1 TL heißem Öl in der Pfanne. Danach werden sämtliche Gewürze hinzugefügt und alles wird umgerührt. Dann köchelt das Ganze 2-3 Minuten, bis ein sattes Röstaroma entsteht.

3 Limettensaft, Honig und 400 ml Wasser dazugeben. Abgedeckt kocht die Mischung unter gelegentlichem Umrühren circa 25-30 Minuten, bis die Flüssigkeit verschwunden ist.

4 Das übrige Öl sowie die Marinade angießen und die Jackfrucht braten, bis deren Ränder goldbraun erscheinen.

ACKEE CALLALOO PIZZA

6 Port.

1 Std
50 Min.

Leicht

Zutaten:

540 g Ackee
540 g Callaloo
500 g Vollkornmehl
150 ml Hefewasser (oder 1 Würfel Hefe)
100 ml Wasser
100 ml Ital-Tomatensoße
4 Tomaten
4 Frühlingszwiebeln
1 rote Paprika
1 gelbe Paprika
1 grüne Paprika
1 Zwiebel
1 Scotch Bonnet
2 EL Pflanzenöl
1 TL schwarzer Pfeffer
1 TL Thymian (getrocknet)

Küchenutensilien:

1 Rührschüssel
1 Pfanne
1 Backblech
Backofen
(Flasche à 500 ml)

Nährwerte p. P.

447 kcal
83 g Kohlenhydrate
16 g Eiweiß
4 g Fett

1 Für den Teig werden in einer großen Rührschüssel das Mehl, das Hefewasser, das Öl und dazu 100 ml lauwarmes Wasser gut miteinander vermengt. Daraus lässt sich ein homogener, leichter Teig kneten. Er zieht dann circa 45 Minuten an einem warmen Standort.

2 Paprika waschen, die Kerne herauslösen und die Schote zu kleinen Streifen schneiden. Tomaten waschen, die Blüten entfernen und zu Ringen verarbeiten. Chili putzen, Samen entnehmen und die Schote klein schneiden. Zwiebel schälen sowie hacken. Frühlingszwiebeln putzen und klein schneiden.

3 Callaloo waschen, trocken schütteln und zu kleinen Streifen zerschneiden. Ackee putzen, die Samen entfernen und das Fruchtfleisch grob zerkleinern.

4 In der Pfanne wird das Öl bei mittlerer Hitze erwärmt. Zwiebeln hinzufügen und 1 Minute anbraten. Danach werden Tomaten, Paprika, Chili und Frühlings-zwiebeln hinzugefügt. Das Ganze köchelt 4-5 Minuten.

5 Backofen auf 200 Grad Celsius Ober-/Unterhitze aufheizen. Dann wird das Callaloo für 3-5 Minuten beigemengt. Erst jetzt landet das Ackee in der Pfanne. Der Inhalt kocht etwa 5 Minuten.

6 Blech einfetten und den Boden darauf auslegen. Jetzt wird die Ital-Tomatensoße aufgestrichen. Darauf darf jetzt die Gemüsepfanne verteilt werden. Thymian und Pfeffer runden die Sache ab. Die Pizza backt circa 20-25 Minuten im Ofen.

Tipp: Hefewasser lässt sich selbst herstellen. In eine 500-ml-Flasche werden 200 g ungeschwefelte Trockenfrüchte – am besten Datteln oder Rosinen – in kleinen Stücken eingefüllt. Jetzt werden 3-4 TL Vollrohrzucker oder Honig hinzugefügt. Der Rest der Flasche wird mit Wasser aufgefüllt. Nach etwa 8 Tagen besitzt man Hefewasser.

MAPLE GLAZED JERK TOFU STEAKS (JERK-TOFU-STEAKS MIT AHORNGLASUR)

2 Port.

35 Min.

Leicht

Zutaten:

1 Block Bio-Tofu (fest oder extra fest)
2 EL Jerk-Marinade
2 EL Ahornsirup
2 TL Olivenöl (Extra Vergine)
1 TL schwarzer Pfeffer
1 TL Knoblauchpulver
1 TL Zwiebelpulver

Küchenutensilien:

1 Schüssel
1 Backblech
Backofen

Nährwerte p. P.

302 kcal
14 g Kohlenhydrate
17 g Eiweiß
20 g Fett

1 Tofu waschen und abtropfen lassen. Der Tofu-Block sollte nun in 1,5 bis 2 cm dicke Scheiben geschnitten werden. Backofen auf 180 Grad Celsius Ober-/Unterhitze aufheizen (oder höchste Stufe beim Ofen).

2 Auf das Backblech gelegt, wird der Tofu mit dem Olivenöl beträufelt. Gewürze auf die Tofuscheiben geben.

3 In einer Schüssel werden die bisher unberücksichtigten Zutaten miteinander vermischt.

4 Backblech in den Ofen schieben. Für 15 Minuten backt der Tofu, er sollte zwischendurch gedreht werden. Nach dieser Zeit kommt das Blech aus dem Ofen. Mit einem Küchenpinsel wird die Jerk-Marinade auf beiden Seiten vom Tofu verteilt. Für weitere 7 Minuten gehört das Backblech nun in den Ofen.

Fingerfood & Snacks

Einen kleinen Appetit oder das kulinarische Verwöhnprogramm für zwischendurch darf natürlich nicht fehlen. Und so bieten sich auch in der veganen Rastafari-Küche mehr oder weniger kleine Snacks an.

PLANTAIN FRITTERS (KOCHBANANENKRAPFEN)

6 Port.

25 Min.

Leicht

Zutaten:

250 g Vollkornmehl
125 ml Kokosmilch
60 ml Sonnenblumenöl
3 Kochbananen
1 Vanilleschote
1 TL Honig
1 TL Backpulver
½ TL Muskat (frisch gerieben)
½ TL Zimt (frisch gerieben)

Küchenutensilien:

1 Schüssel
1 Stampfer
1 Sieb
1 Bratpfanne
Küchenpapier

Nährwerte p. P.

379 kcal
51 g Kohlenhydrate
7 g Eiweiß
16 g Fett

1 Als Erstes werden die Bananen geschält und in einer Schüssel mit dem Stampfer zerdrückt. Die Masse sollte glatt sein. Dann wird das Vanillemark ausgekratzt und hinzugefügt.

2 Das Mehl mit einem Sieb fein glätten. Danach wird es mit der Milch, dem Backpulver und den Gewürzen dem Schüsselinhalt beigemengt. Der Teig muss richtig gut durchgemischt und glatt sein. Die Masse sollte auch nicht zu dünn sein, schön sämig.

3 Das Öl in der Bratpfanne bei hoher Temperatur erhitzen. Jetzt wird der Herd auf mittlere Hitze eingestellt. Mit dem Suppenlöffel wird die Mischung in der Pfanne verteilt. Auf beiden Seiten braten die Bananenkrapfen goldbraun an. Sie trocknen auf dem Küchenpapier ab. Vor dem Servieren mit Honig beträufeln.

Tipp: Je nach Konsistenz des Teigs lassen sich Fladen (dünnflüssigere Masse) oder gar fast Bällchen (dickflüssigere Mischung) erzeugen. Während die Kügelchen neben dem Honig auch für Puderzucker prädestiniert sind, finden auf den flachen Exemplaren auch Marmelade und Chutney wunderbar Platz.

PLANTAIN FRIES (KOCHBANANEN-POMMES)

4 Port.

15 Min.

Leicht

Zutaten:

200 ml Frittieröl
125 ml Kokosmilch
125 ml Wasser
4 Kochbananen
2 EL Vollkornmehl
2 EL Maismehl

Küchenutensilien:

1 Schüssel
1 tiefe Pfanne

Nährwerte p. P.

517 kcal
30 g Kohlenhydrate
2 g Eiweiß
44 g Fett

1 Bananen schälen sowie zu dicken Stiften schneiden.

2 Milch, die beiden Mehlsorten und etwa 125 ml Wasser landen mit den Sticks in einer Schüssel. Alles gut durchmischen.

3 Nun landet das Öl in einer tiefen Pfanne und wird auf Temperatur gebracht. Nacheinander werden die Bananensticks in die Pfanne gegeben, bis sie von allen Seiten goldbraun sind. Sie sollten ein wenig Platz haben. Vor dem Servieren tropfen sie auf dem Küchenpapier ab.

COCONUT DROPS (KOKOSTROPFEN)

12 Port.

50 Min.

Leicht

Zutaten:

200 g Honig
1 l Wasser
1 trockene Kokosnuss
1 Zimtstange
1 Vanilleschote
1 Stück Ingwer (etwa 3 cm)

Küchenutensilien:

1 Schraubenzieher
1 Kochmesser
1 Reibe
1 Kochtopf
1 Blech (oder 1 Teller)

Nährwerte p. P.

83 kcal
10 g Kohlenhydrate
1 g Eiweiß
5 g Fett

1 Kokosnusswasser ausleeren. Dafür eines der Augen am Stiel mit einem Schraubenzieher einstechen. Jetzt wird die Nuss entleert. Danach wird mehrfach mit dem Griff eines Kochmessers an dieselbe Stelle gehämmert. Die Nuss bricht auf.

2 Mit dem scharfen Messer wird das weiße Fruchtfleisch ausgeschabt. Es soll in kleine Würfel geschnitten werden. Ingwer schälen und reiben. Vanillemark mit dem Messer auskratzen.

3 Im Kochtopf circa 1 Liter Wasser samt der Zimtstange zum Kochen bringen. Honig, Ingwer, Kokosnusswürfel sowie Vanillemark unterrühren. Die Zimtstange wird nun entnommen.

4 Das Ganze köchelt folglich circa 30-35 Minuten zu einer Sirup ähnlichen Lösung ein. Mit einem Löffel die Kokosstücke entnehmen und auf Blech oder Teller abtropfen sowie auskühlen lassen.

DUMPLINGS (KNÖDEL)

6 Port.

40 Min.

Leicht

Zutaten:

600 g Vollkornmehl
200 ml Wasser (oder Milch)
1 Scotch Bonnet
1 EL Honig (optional)
1 EL Pflanzenöl
1 TL Thymian (getrocknet)

Küchenutensilien:

1 Schüssel
1 Pfanne
1 Küchentuch

1 Die Kerne aus der Chili lösen und die Schote klein schneiden. In einer Schüssel wird das Mehl mit der Chili und dem Thymian vermengt. Wer möchte, darf dem Teig mit Honig mehr Süße verleihen.

2 Nach dem Mischen werden circa 100 ml Wasser hinzugefügt. Durch das Kneten mit der Hand wird ein Teig hergestellt. Die restliche Flüssigkeit dient der persönlichen Vorliebe der Konsistenz. Der Teig wird zu kleinen Knödeln geformt.

3 Die Pfanne mit dem Öl erhitzen. Darin braten die Dumplings bei mittlerer Hitze circa 5-7 Minuten pro Seite goldbraun. Sie tropfen auf dem Küchentuch ab.

Nährwerte p. P.

132 kcal
25 g Kohlenhydrate
5 g Eiweiß
1 g Fett

Tipp: Sie passen gut als Füllbeilage zu verschiedenen Gerichten – sie lassen sich ebenso gut zu Suppen verwenden.

CHICKPEAS WRAP (KICHERERBSEN-WRAP)

2 Port.

20 Min.

Leicht

Zutaten:

250 g Kichererbsen
3 Salatblätter
2 große Vollkorn-Tortillas
1 Tomate
1 Avocado
2 EL vegane Mayo (siehe Rezept „Vegan Mayo“ in diesem Kochbuch)

Küchenutensilien:

1 Sieb
1 Topf

Nährwerte p. P.

542 kcal
63 g Kohlenhydrate
14 g Eiweiß
25 g Fett

1 Erbsen in einem Sieb abspülen und abtropfen lassen. Salat waschen, den Strunk entfernen und die Blätter leicht zerreißen. Tomate waschen, halbieren und von der Blüte befreien. Avocado halbieren sowie vom Stein lösen. Das Tomaten- und Avocadofleisch wird zu Würfeln verarbeitet.

2 Erbsen nach Rezept Jerk Chickpeas (siehe Rezept „Jerk Chickpeas – Raucherbsen“) kochen.

3 Tortillas auslegen sowie ein paar Löffel Kichererbsen darauf verteilen. Danach wird der Fladen mit Tomate, Avocado und Salat gefüllt. Zum Schluss wird die Mayo darauf verteilt.

4 Jetzt wird der Boden des Wraps nach oben geklappt. Es folgt das Einklappen der linken wie der rechten Seite. Nun darf der Kichererbsen-Wrap genossen werden.

Tipp: Die Wraps lassen sich mit allerhand verschiedenen Gemüsesorten oder auch mit Pilzen sehr variantenreich umsetzen.

CALLALOO FRITTERS (CALLALOO-KRAPFEN)

6 Port.

40 Min.

Leicht

Zutaten:

540 g Callaloo
400 g Vollkornmehl
200 ml Wasser
2 Knoblauchzehen
1 Zwiebel
1 Scotch Bonnet
1 Tomate
½ rote Paprika (gewürfelt)
½ grüne Paprika (gewürfelt)
½ gelbe Paprika (gewürfelt)
6 EL Pflanzenöl
2 TL Thymian (getrocknet)
2 TL Pfeffer
1 TL Ingwer (frisch gerieben)

Küchenutensilien:

1 Pfanne
1 Sieb
1 tiefe Pfanne
Küchenpapier

Nährwerte p. P.

347 kcal
38 g Kohlenhydrate
11 g Eiweiß
16 g Fett

1 Callaloo waschen, trocknen und zu feinen Streifen schneiden. Zwiebel und Knoblauch schälen sowie zu Würfeln schneiden. Paprika sowie Chili waschen, deren Samen entfernen und fein hacken. Tomate waschen, halbieren und deren Stielansatz entnehmen. Das Fruchtfleisch wird klein geschnitten.

2 In der Pfanne werden erst nur 2 EL Öl scharf erhitzt. Paprika, Zwiebel und Knoblauch braten darin circa 3 Minuten an. Nun werden dem Pfanneninhalt die Gewürze untergerührt.

3 Anschließend Callaloo, Chili und die Tomate beimengen. Alles gut umrühren und zur Seite stellen.

4 Das Mehl per Sieb glätten. In der Schüssel Callaloo-Mix mit dem Mehl und circa 200 ml Wasser mischen. Am besten wird das Wasser nach und nach angegossen. Der Teig sollte etwas matschig erscheinen.

5 Das restliche Öl in der tiefen Pfanne einlassen und auf Temperatur bringen. Mit einem Esslöffel werden Teigportionen in die Pfanne gegeben und flach gedrückt. Auf jeder Seite bei mittlerer Hitze 5 Minuten braten, sie sollten sich goldbraun färben.

6 Sie tropfen auf Küchenpapier ab und ruhen vor dem Servieren etwa 10 Minuten.

TRINI DOUBLES
(KARIBISCHES KICHERERBSENCURRY MIT GEBRATENEM FLADENBROT)

4 Port.

45 Min.

Leicht

Zutaten:

450 g Vollkornmehl
400 g Kichererbsen
250 ml Wasser
200 ml Frittieröl
4 Knoblauchzehen
2 Frühlingszwiebeln
1 Zwiebel
1 grüne Paprika
1 rote Paprika
1 Gurke
1 Haubenpfefferschote (oder Chili)
1 Handvoll Korianderblätter
Saft von ½ Zitrone
2 EL Kurkuma
1 EL Pflanzenöl
6 TL Currypulver
1 TL getrocknete Hefe
1 TL schwarzer Pfeffer (frisch gemahlen)
½ TL Ingwer (gemahlen)

Küchenutensilien:

2 Siebe
1 Gemüseraspel
1 kleine Pfanne
1 große Pfanne
1 Schüssel

Nährwerte p. P.

553 kcal
67 g Kohlenhydrate
16 g Eiweiß
23 g Fett

1 Kichererbsen im Sieb gut abspülen sowie abtropfen. Knoblauch und Zwiebel schälen sowie klein würfeln. Die Frühlingszwiebeln gut putzen und zu dünnen Scheiben schneiden.

2 Paprika halbieren und deren Kerngehäuse entfernen. Sie werden zu kleinen Würfeln geschnitten. Chili waschen, von Kernen befreien und klein hacken. Gurke putzen, abwaschen und halbieren. Dann wird der wässrige Innenteil ausgeschabt. Das Gurkenfleisch wird anschließend geraspelt.

3 In einer Schüssel wird folgend das Mehl glatt gesiebt. Dazu werden Hefe, Kurkuma und circa 250 ml lauwarmes Wasser gegeben. Anschließend wird der Teig zu einer Kugel geformt. Er ruht unter der Frischhaltefolie etwa 1 Stunde im Kühl-schrank.

4 In der Pfanne werden derweil im heißen Öl Zwiebeln, Knoblauch sowie Frühlingszwiebeln scharf angebraten. Nach 1 Minute werden der Pfeffer, das Currypulver und der Ingwer untergerührt. Das Ganze mit ein wenig Wasser ablöschen. Der Pfanneninhalt sollte 5 Minuten kochen.

5 Nun landen die Kichererbsen in der Pfanne. Alles gut umrühren und weitere 5 Minuten kochen lassen.

6 Als Nächstes werden aus dem Teig kleine Kugeln geformt – ungefähr 10-12 Stück. Oben wird mit den Fingern eine kräftige Mulde eingedrückt. Die Teiglinge frittieren im Öl nun leicht goldgelb an.

7 Für die Füllung werden Gurkenraspel, Paprika, Koriander sowie der Zitronen-saft vermengt. Wenn die Teigkugeln ausgebacken sind, wird die Füllung in die Mulde gegeben. Nun wird jeweils ein Teignest mit den Kichererbsen, ein zweites mit dem würzigen Gurkenmix gefüllt.

PLANTAIN BEAN BURGER (KOCHBANANEN-BOHNEN-BURGER)

4 Port.

40 Min.

Leicht

Zutaten:

400 g schwarze Bohnen
250 g Vollkornmehl (oder Haferflocken)
8 Kopfsalatblätter
8 Tomatenscheiben
8 Avocadoscheiben
4 Burgerbrötchen
2 Kochbananen
1 Zwiebel
1 Scotch Bonnet
2 EL Kokosöl
2 TL Petersilie (gehackt)
1 TL Thymian (getrocknet)
1 TL Paprikapulver
1 TL Limettensaft
1 TL schwarzer Pfeffer

Küchenutensilien:

1 Sieb
1 Rührschüssel
1 Pfanne
1 Toaster

Nährwerte p. P.

518 kcal
98 g Kohlenhydrate
19 g Eiweiß
3 g Fett

1 Bohnen abspülen sowie im Sieb abtropfen. Kochbananen schälen und zu kleinen Stücken schneiden. Chili von Kernen befreien und fein hacken. Zwiebel schälen sowie fein hacken. Die Zwiebelstücke werden in 1 TL des zerlassenen Kokos-öls circa 5 Minuten karamellisiert und anschließend zur Seite gelegt.

2 In der Rührschüssel werden Bananen und Bohnen mit den Gewürzen und der Chili zu einer Masse vermengt. Nun werden die karamellisierten Zwiebeln untergehoben.

3 Jetzt folgen Mehl und Limettensaft. Die Masse wird zu einem dickflüssigen Teig vermischt. Folglich werden daraus 4 Burger-Pattys geformt. Im Kühlschrank werden diese über mehrere Stunden fest.

4 Im restlichen Kokosöl braten die Pattys dann von jeder Seite circa 5-7 Minuten an, sie sollten goldbraun werden.

5 Die Brötchen aufschneiden und toasten. Auf die untere Brötchenhälfte werden erst der Salat und dann der Bohnenburger aufgelegt. Danach landen Tomaten- und Avocadoscheiben auf dem Fleischersatz. Es kann mit verschiedenen Soßen experimentiert werden. Als Abschluss darf gern noch ein Blatt Salat vor dem Brötchendeckel darauf Platz finden.

CURRIED CHICKPEA IN A PLANTAIN BOAT
(CURRY-KICHERERBSEN IM KOCHBANANENBOOT)

3 Port.

55 Min.

Leicht

Zutaten:

400 g Kichererbsen
200 ml Kokosmilch
2 Kochbananen
2 Knoblauchzehen
½ Zwiebel
2 EL Currypulver
1 EL Olivenöl
1 TL Paprikapulver
1 TL schwarzer Pfeffer
1 TL Thymian (getrocknet)
1 TL Ingwer
Je etwas frische Petersilie + frische Chiliflocken

Küchenutensilien:

1 Sieb
1 Auflaufform
1 Pfanne
Backofen

Nährwerte p. P.

404 kcal
46 g Kohlenhydrate
9 g Eiweiß
19 g Fett

1 Kichererbsen über einem Sieb abgießen und abtropfen lassen. Die Bananen schälen sowie halbieren. Die Bananen werden vorsichtig mittig ausgeschabt.

2 Backofen auf 180 Grad Celsius Ober-/Unterhitze aufheizen. Knoblauch schälen sowie hacken, Zwiebel schälen und würfeln. Ingwer schälen und zu kleinen Würfeln verarbeiten. Petersilie waschen, abtrocknen und die Blätter klein hacken.

3 Die Bananen in die Backform legen und mit etwas Öl beträufeln. Danach wird das Ganze mit Pfeffer, Paprikapulver sowie Thymian gewürzt. Im Ofen backt dieser Teil nun 30 Minuten.

4 Derweil braten die Zwiebelwürfel und der Knoblauch mit dem restlichen Öl in der Pfanne an. Der Inhalt sollte leicht anbräunen. Darunter werden Ingwer sowie Curry gerührt. Der Pfanneninhalt kocht ein, bis er dunkel wird.

5 Die Milch zugießen, alles aufkochen. Es soll eine dicke Soße entstehen. Darin kochen die Erbsen 5 Minuten. Die Füllung über die Bananen geben. Mit Petersilie und Chiliflocken garnieren.

Desserts

Was wäre eine Regionalküche ohne die kleinen süßen Verlockungen? Insbesondere hinsichtlich des Gemeinschaftsgedankens bieten sich Kuchen für mehrere Personen förmlich an. Aber auch die einfachen Desserts als Abschluss zu einem Mittagessen fallen sehr vielseitig aus. Und Desserts müssen auch gar nicht immer süß sein – probieren Sie es aus!

SWEET POTATO PUDDING (SÜSSER KARTOFFELPUDDING)

6 Port. 2 Std. Mittel

Zutaten:

800 g Süßkartoffeln
200 g Rosinen (eingeweicht in Traubensaft oder Saft nach Wahl)
150 g Rote Bete (oder Karotten)
150 g brauner Zucker
120 g Mehl
750 ml Kokosmilch
1 Vanilleschote
½ TL Zimt
½ TL Ingwer (frisch gemahlen)
½ TL Muskatnuss (frisch gerieben)

Küchenutensilien:

1 Standmixer
1 Rührschüssel
(1 Gemüsereibe)
1 Backform (Durchmesser 25 cm)

Nährwerte p. P.

639 kcal
87 g Kohlenhydrate
8 g Eiweiß
27 g Fett

1 Die Süßkartoffeln werden als Erstes geschält, danach zu mundgerechten Stücken zerschnitten. Sie landen mit der Milch im Standmixer. Das Ganze wird anschließend in eine große Rührschüssel gegeben.

2 Backofen auf 180 Grad Celsius Ober-/Unterhitze aufheizen. Jetzt wird die Rote Bete geputzt, geschält sowie zu kleinen Stücken verarbeitet. Alternativ lässt sie sich auch sehr gut reiben. Diese Stücke werden mit den restlichen Zutaten sowie dem ausgeschabten Vanillemark zur Kartoffelmilch in die Schüssel gegeben. Alles gut durchmischen und gleichmäßig in der Ofenform verteilen.

3 Im Backofen gart der Pudding vorerst circa 1 ½ Stunden. Danach wird die Temperatur für die finalen 25 Minuten auf 150 Grad Celsius reduziert. Der Kartoffelpudding sollte mindestens für 5 Stunden ordentlich abkühlen.

Hinweis: Der „Sweet Potato Pudding" ist DAS Sonntagsdessert der Jamaikaner schlechthin. Er wird umgangssprachlich als „Hölle oben, Hölle unten und Halleluja in der Mitte" bezeichnet. Dies hängt mit seiner traditionellen Herstellung, in Holzkohle begraben, zusammen.

TOSTONES (GEBRATENE KOCHBANANE)

2 Port. 25 Min. Leicht

Zutaten:

15 g Petersilie
15 Babytomaten
4 Tomaten
4 Knoblauchzehen
2 reife grüne Bananen
2 Scotch Bonnet
3 TL Olivenöl
1 TL schwarzer Pfeffer
1 TL Zitronensaft

Küchenutensilien:

2 Pfannen
1 Topf
1 Pürierstab
1 Schüssel
1 Teller (oder 1 Tassenboden)
Küchenpapier

Nährwerte p. P.

171 kcal
33 g Kohlenhydrate
5 g Eiweiß
2 g Fett

1 Die Tomaten gut waschen und im Topf mit 1 TL Olivenöl anbraten. Sie sollen weichkochen.

2 Chili putzen, deren Kerne entnehmen und sie klein schneiden. Knoblauch schälen und leicht zerdrücken. Beides landet im Tomatentopf. Anschließend wird der Inhalt mit dem Pürierstab zerkleinert.

3 Babytomaten putzen und klein schneiden. In einer Schüssel werden sie mit dem Inhalt der Pfanne sowie dem Zitronensaft und dem Pfeffer vermengt.

4 Bananen schälen sowie von den Enden befreien. Sie werden in der zweiten Pfanne in 1 TL Öl weichgekocht. Anschließend tropfen sie auf dem Küchenpapier ab.

5 Die gebratenen Bananen werden zu Scheiben geschnitten und mittels Teller flach gedrückt. Erneut braten sie im restlichen TL Öl, bis sie richtig knusprig sind. Sie werden mit der bereits zubereiteten Salsa serviert. Auf der Salsa selbst wird die Petersilie angerichtet.

EXOTIC CRUMBLE (MANGO-ANANAS-CRUMBLE)

4 Port. 1 Std. 10 Min. Leicht

Zutaten:

200 g Ananas
200 g Mango
100 g Haferflocken
100 g Kokosöl (oder vegane Butter)
100 ml Orangensaft
100 ml Ananassaft
10 Kekse
1 Vanilleschote
2 EL Maismehl
1 TL Zimt
1 TL Muskat (frisch gerieben)

Küchenutensilien:

1 Schüssel
1 Standmixer
1 Auflaufform
Backofen

Nährwerte p. P.

375 kcal
33 g Kohlenhydrate
5 g Eiweiß
25 g Fett

1 Ananas von Schale und Strunk befreien. Mango schälen sowie entsteinen. Beide Früchte werden grob zerkleinert. Kekse zerbröseln.

2 Das geschmeidige Öl auf Raumtemperatur sowie das Mehl werden nun in einer Schüssel miteinander vermengt. Der Teig soll ein wenig krümelig werden.

3 Haferflocken sowie Kekse hinzufügen. Der zu Streuseln vermischte Teig wird zur Seite gestellt.

4 Backofen auf 200 Grad Celsius Ober-/Unterhitze aufheizen. Im Mixer die Säfte, die Hälfte der Früchte, das Maismehl sowie die Gewürze pürieren.

5 In der Ofenform werden die groben Früchte arrangiert. Darüber kommt das Püree. Anschließend werden die Streusel auf dieses gesetzt.

6 Das Crumble backt circa 45 Minuten, bis es eine goldbraune Kruste aufweist.

CARROT CAKE (MÖHRENKUCHEN)

12 Stück

1 Std. 25 Min.

Leicht

Zutaten:

600 g Vollkornmehl
400 g Möhren
150 g Rosinen
250 ml Möhrensaft (oder Orangensaft)
200 ml Wasser
150 ml Pflanzenöl
1 Vanilleschote
6 EL Honig
2 EL Leinsamen (geschrotet)
1 TL Kokosöl (oder vegane Butter)
Je 1 TL Zimt + Muskat (frisch gerieben)

Küchenutensilien:

2 Schüsseln
1 Gemüsereibe
1 Sieb
1 Backblech
Backofen

Nährwerte p. P.

330 kcal
47 g Kohlenhydrate
7 g Eiweiß
12 g Fett

1 Die Leinsamen circa 5 Minuten in einer Tasse Wasser quellen lassen. Möhren putzen, schälen sowie mit der Reibe raspeln. Vanillemark mit einem Messer auskratzen.

2 In der Schüssel werden Öl, Honig, Vanillemark und Leinsamen gut durchgemischt. Die Schüssel beiseitestellen.

3 Mehl durch ein Sieb in die zweite Schüssel geben. Dieses mit den trockenen Gewürzen vermengen.

4 Beide Schüsselinhalte vereinen und gut durchmischen. Der Saft dient nun zum Auf-füllen, wenn der Teig zu trocken ist. Generell sollte der Teig leicht flüssig sein.

5 Backofen auf 180 Grad Celsius Ober-/Unterhitze aufheizen. Das Blech wird mit dem Kokosöl eingefettet. Anschließend werden Rosinen und Möhren dem Teig untergehoben. Das Ganze wird auf dem Backblech gleichmäßig verteilt.

6 Der Kuchen backt circa 45 Minuten im Ofen. Er soll goldbraun aussehen. Danach kühlt er etwa 20 Minuten ab.

CORNMEAL PORRIDGE (MAISMEHLBREI)

4 Port.

35 Min.

Leicht

Zutaten:

500 g Maismehl
250 ml Wasser
200 ml Milch (oder Sojamilch)
100 ml Kokosmilch
1 TL Zimt
1 TL Muskat
1 Vanilleschote

Küchenutensilien:

1 Schüssel
1 Topf

Nährwerte p. P.

431 kcal
70 g Kohlenhydrate
11 g Eiweiß
12 g Fett

1 Zuerst wird das Mehl in eine Schüssel gegeben. Dann werden die zwei Milchsorten untergemengt. Alles gut verrühren.

2 In einem Topf werden nun 250 ml Wasser aufgekocht. Die Mischung aus der Schüssel wird nun untergerührt. Es sollte ständig gerührt werden, bis die Flüssigkeit dick wird. Wenn der Topfinhalt brodelt, wird der Herd auf mittlere Temperatur eingestellt.

3 Jetzt werden die Gewürze sowie das ausgeschabte Vanillemark hinzugefügt, dann wird alles erneut gut vermischt. Anschließend köchelt das Ganze auf kleiner Flamme circa 20 Minuten. Vor dem Servieren sollte der Maisbrei 10 Minuten ruhen.

PLANTAIN PIE (KOCHBANANENKUCHEN)

12 Stück

1 Std. 20 Min.

Leicht

Zutaten:

800 g Tofu
250 g Callaloo
100 g Nährhefe
250 ml Sojamilch
4 Knoblauchzehen
4 überreife Kochbananen
1 Zwiebel
1 rote Zwiebel
1 Scotch Bonnet (Haubenpfefferschote oder Chili)
1 Tomate
Je ¼ rote, grüne, gelbe Paprikaschote
2 EL Hummus
2 EL Olivenöl
1 TL schwarzer Pfeffer
1 TL Currypulver
1 TL Paprikapulver
1 TL Kurkuma

Küchenutensilien:

2 Pfannen
1 Standmixer
1 Schüssel
Küchenpapier
Backofen

Nährwerte p. P.

150 kcal
26 g Kohlenhydrate
6 g Eiweiß
3 g Fett

1 Knoblauch schälen sowie klein hacken. Zwiebeln schälen und zu Würfeln verarbeiten. Die Paprika sowie die Chili werden nach der Entfernung der Kerne und Häutchen klein geschnitten. Auch die Tomate halbieren, den Blütenansatz abtrennen und klein würfeln.

2 Circa 1 EL Öl in der Pfanne erhitzen und darin Zwiebeln und Knoblauch anbraten. Danach werden die Gemüsewürfel sowie die Chili hinzugefügt. Bei starker Hitze brät das Ganze 2 Minuten.

3 Danach wird der Callaloo untergerührt. Erst jetzt werden die Gewürze, außer die Kurkuma, in der Pfanne mit der Speise vermengt. Nach 2 Minuten kochen wird die Pfanne zur Seite gestellt.

4 Bananen schälen sowie zu Scheiben schneiden. In der zweiten Pfanne werden diese im restlichen Öl circa 2-3 Minuten angebraten. Auf dem Küchenpapier tropfen sie anschließend ab.

5 Im Standmixer werden folglich Tofu, Sojamilch, Hummus sowie die Nährhefe etwa 2 Minuten püriert. Das Püree sollte dickflüssig sein, dann wird die Kurkuma untergerührt. Das Ganze gehört jetzt in den Kühlschrank.

6 Backofen auf 180 Grad Celsius Ober-/Unterhitze aufheizen. In der Schüssel werden Teigersatz plus Gemüsepfanne vermengt. In der gesäuberten Gemüsepfanne wird der Gemüseteig final bei mittlerer Hitze gegart.

7 Auf den Gemüseteig werden die Bananenscheiben gelegt. Das Ganze backt 40 Minuten im Ofen. Danach ruht es vor dem Servieren etwa 10 Minuten.

CORNMEAL PUDDING (MAISMEHLPUDDING)

12 Stück | 1 Std. 20 Min. | Leicht

Zutaten:

225 g Maismehl
175 g Vollkornmehl
150 g Rosinen
300 ml Kokosmilch
1 Vanilleschote
1 TL vegane Butter
1 TL Honig
½ TL Muskat (frisch gerieben)

Küchenutensilien:

1 Rührschüssel
1 Sieb
1 Topf
1 Schneebesen
1 Backblech
Backofen

Nährwerte p. P.

222 kcal
33 g Kohlenhydrate
5 g Eiweiß
8 g Fett

1 In der Rührschüssel werden 250 ml Milch und das ausgeschabte Vanillemark gemischt. Mit einem Sieb werden die beiden Mehlsorten hinzugefügt. Jetzt wird mit Muskat gewürzt. Der Teig wird so lange gerührt, bis er glatt ist.

2 Rosinen klein schneiden. Im Topf die vegane Butter zerlassen. Diese beiden Zutaten landen nun im Teig und werden gut verrührt.

3 Backofen auf 180 Grad Celsius Ober-/Unterhitze erhitzen. Die Masse wird auf dem Blech verteilt.

4 Die restliche Milch und 1 TL Honig werden nun mit einem Schneebesen vermischt. Die Masse wird auf den Pudding gegossen. Das Ganze backt 1 Stunde im Ofen. Nach dem Abkühlen wird der Pudding in gleich große Stücke geschnitten.

SWEET POTATO PIE (SÜSSKARTOFFELKUCHEN)

6 Port.

55 Min.

Leicht

Zutaten:

200 g Möhre (oder Rübe)
50 g Maiskörner
50 g Tomaten
50 g Erbsen
50 g veganer Käse
50 ml Sojamilch (oder Mandelmilch)
50 ml vegane Sojasoße
4 Kartoffeln
4 Süßkartoffeln
4 Knoblauchzehen
1 Scotch Bonnet
½ Zwiebel
1 EL Kokosöl (oder vegane Butter)
1 EL Chilipulver (getrocknet)
1 EL Olivenöl
2 TL Thymian (getrocknet)
1 TL schwarzer Pfeffer

Küchenutensilien:

1 Standmixer
1 Pfanne
1 Auflaufform
Backofen

Nährwerte p. P.

205 kcal
24 g Kohlenhydrate
12 g Eiweiß
7 g Fett

1 Beide Kartoffelsorten schälen sowie zu Würfeln verarbeiten. Sie werden im Kochtopf in circa 20 Minuten gar gekocht. Sie werden anschließend abgegossen.

2 Möhre schälen und würfeln, Tomaten vom Stielansatz befreien und klein schneiden. Knoblauch und Zwiebel schälen sowie fein hacken. Chilischote waschen, von den Samen trennen und klein schneiden.

3 Im Standmixer Kartoffeln sowie 1 EL Kokosöl oder vegane Butter miteinander pürieren. Folglich Milch und veganen Käse hinzufügen und alles gut vermischen. Chilipulver und Thymian untermengen, umrühren und zur Seite stellen.

4 Nun wird das Olivenöl in der Pfanne erhitzt. Knoblauch, Zwiebeln und frische Chili braten darin 1 Minute scharf an. Jetzt werden nacheinander Möhren, Mais sowie Erbsen hinzugefügt. Das Ganze pfeffern und 2 Minuten braten.

5 Backofen auf 180 Grad Celsius Ober-/Unterhitze aufheizen sowie die Backform einfetten. Danach werden die Tomaten beigemengt und die Sojasoße angegossen. Die Pfanne köchelt circa 5 Minuten.

6 Gemüsepfanne gleichmäßig in der Ofenform verteilen. Darüber wird das Süß-kartoffelpüree gegeben sowie glattgestrichen. Der herzhafte Kuchen backt nun circa 25 Minuten.

COCONUT CAKE (KOKOSKUCHEN)

12 Stück

1 Std. 25 Min.

Leicht

Zutaten:

400 g Kokosnuss (getrocknet)
200 g Kokosmehl
100 g vegane Butter (ungesalzen)
400 ml Kokosmilch
4 EL Agavendicksaft (oder Honig)
4 EL Leinsamen (geschrotet)
2 EL Wasser
1 Vanilleschote
1 TL Zimt
1 TL Muskat (frisch gerieben)

Küchenutensilien:

1 Schüssel
1 Rührschüssel
1 Reibe
1 Handrührgerät
1 Kuchenform (circa 22 cm Durchmesser)
Backofen

Nährwerte p. P.

319 kcal
10 g Kohlenhydrate
5 g Eiweiß
27 g Fett

1 In einer kleinen Schüssel werden die Leinsamen in 2 EL Wasser eingelegt. Sie quellen circa 10 Minuten.

2 Backofen auf 180 Grad Celsius Ober-/Unterhitze aufheizen. Kokosfruchtfleisch mit der Reibe raspeln. Währenddessen werden Kokosmehl und Milch in der Rührschüssel vermengt.

3 Dann werden die Butter sowie die Kokosraspel untergehoben. Jetzt landen auch die gequollenen Leinsamen darin. Mit den Gewürzen, dem Agavendicksaft und dem ausgeschabten Vanillemark wird der Teig veredelt. Das Ganze wird zu einem glatten Teig verrührt.

4 Die Kuchenform mit dem Teig füllen. Im Ofen backt der Kuchen 1 Stunde.

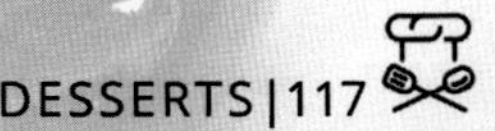

Getränke

In geselliger Runde oder während des Kochens selbst darf man sich gern auch ein wenig verwöhnen – mit dem passenden Getränk. Dabei fällt auf, dass einige der leckersten jamaikanischen Getränke gar keinen Alkohol enthalten müssen. Definitiv steigert sich die Kommunikation in feuchtfröhlicher Runde deutlich – und das macht doch ein Miteinander aus, nicht nur bei den Rastafaris.

TUMERIC BANANA SMOOTHIE (KURKUMA-BANANEN-SMOOTHIE)

2 Port.

10 Min.

Leicht

Zutaten:

375 ml Pflanzenmilch
1 große Banane
½ Avocado
1 TL Leinsamen (gemahlen)
½ TL Kurkuma
½ TL frischer Ingwer (optional)
1 Prise schwarzer Pfeffer

Küchenutensilien:

1 Standmixer

Nährwerte p. P.

330 kcal
14 g Kohlenhydrate
3 g Eiweiß
29 g Fett

1 Banane schälen sowie zu groben Stücken schneiden. Avocado halbieren, vom Stein lösen und grob zerkleinern.

2 Alle Zutaten landen im Standmixer und werden püriert. Der Smoothie sollte vor dem Verzehr ein paar Minuten in den Kühlschrank.

Tipp: Pfeffer verstärkt die Wirkung von Kurkuma. Auch der Ingwer wirkt sich auf den Geschmack positiv aus und verbessert den Verdauungswert des Getränks.

RASTAFARI LEMONADE

6 Port.

15 Min.

Leicht

Zutaten:

1 l kaltes Wasser
600 ml heißes Wasser
3 Limetten
1 Zitrone
3-6 EL Honig (Geschmackssache)

Küchenutensilien:

1 Topf
1 Standmixer
1 Sieb
1 Krug (oder 1 Schüssel)

Nährwerte p. P.

102 kcal
28 g Kohlenhydrate
1 g Eiweiß
1 g Fett

1 Im Topf werden 600 ml Wasser mit dem Honig aufgekocht.

2 Derweil werden die Zitrusfrüchte geschält und landen im Mixer. In diesen wird das heiße Wasser gegossen. Nun wird der Inhalt püriert – der Deckel muss fest verschlossen sein!

3 Per feines Sieb wird die Flüssigkeit in einen Krug oder eine Schüssel abgeseiht. Jetzt wird etwa 1 l kaltes Wasser hinzugegossen. Alles gut mischen und auskühlen lassen.

SORREL TEA (SAUERAMPFERTEE)

4 Port.

8 Std.
10 Min.

Leicht

Zutaten:

250 g rote Sauerampfer-knospen (getrocknet)
100 g Honig
1 l Wasser
3 Streifen Orangenschale
1 Gewürznelke
3 TL Ingwer (gerieben)
Eiswürfel (optional)

Küchenutensilien:

1 Schüssel
1 Kochtopf
1 feines Sieb
1 Krug

Nährwerte p. P.

177 kcal
45 g Kohlenhydrate
1 g Eiweiß
1 g Fett

1 In einer Schüssel werden als Erstes alle trockenen Zutaten miteinander vermischt.

2 Im Topf kocht 1 l Wasser auf. Dieser wird über den Schüsselinhalt gegossen. Nach 5 Minuten wird der Honig untergerührt. Zugedeckt zieht das Ganze bei Raumtemperatur circa 8 Stunden (über Nacht).

3 Danach wird der Tee durch ein sehr feines Sieb in einen Krug gegossen. Er darf gern mit Eiswürfeln serviert werden.

PEANUT PUNCH

2 Port.

5 Min.

Leicht

Zutaten:

50-75 g Erdnüsse (ungesalzen)
200 ml Pflanzenmilch
100 ml Ginger Beer (optional)
2 EL Haferflocken
½ Vanilleschote
2 Prisen Muskat (frisch gerieben)
1 Prise Zimt (gemahlen)

Küchenutensilien:

1 Standmixer
1 feines Sieb

Nährwerte p. P.

335 kcal
11 g Kohlenhydrate
9 g Eiweiß
29 g Fett

1 Sämtliche Zutaten werden im Standmixer püriert. Die Menge der Erdnüsse entscheidet über die Konsistenz.

2 Mit einem feinen Sieb wird die Flüssigkeit in die Gläser gefüllt.

CALLALOO SMOOTHIE

2 Port.

10 Min.

Leicht

Zutaten:

100 ml Orangensaft
12 Eiswürfel
6 Zweige Callaloo
1 Banane
1 TL Honig
1 TL Ingwer (etwa 1 cm)
1 Spritzer Zitronensaft

Küchenutensilien:

1 Standmixer

Nährwerte p. P.

147 kcal
35 g Kohlenhydrate
2 g Eiweiß
1 g Fett

1 Callaloo waschen, trocknen sowie grob zerteilen. Banane schälen und grob schneiden. Ingwer schälen sowie zu kleinen Würfeln verarbeiten.

2 Sämtliche Zutaten landen im Standmixer und werden püriert. Danach werden die Eiswürfel in den Smoothie gegeben.

GINGER BEER (INGWERBIER)

2 Port.

10 Min.

Leicht

Zutaten:

140 g Ingwer
400 ml Wasser
1 Gewürznelke
Saft von 2 Limetten
4 EL Honig
Eiswürfel

Küchenutensilien:

1 Standmixer

Nährwerte p. P.

202 kcal
50 g Kohlenhydrate
1 g Eiweiß
1 g Fett

1 Ingwer schälen sowie zu kleinen Stücken verarbeiten. Im Standmixer wird dieser mit der Gewürznelke püriert.

2 Jetzt werden die restlichen Zutaten und 400 ml Wasser dazugegeben. Etwa 5 Minuten lang wird das Ganze gemixt sowie mit Eiswürfeln und Limette servieren.

BANANENTEE

6 Port.

15 Min.

Leicht

Zutaten:

2 l Wasser
250 ml Kokosmilch
3 große, grüne Bananen
3 Zimtstangen

Küchenutensilien:

1 Topf
1 Schüssel

Nährwerte p. P.

148 kcal
15 g Kohlenhydrate
2 g Eiweiß
9 g Fett

1 Die Bananen gründlich waschen und der Länge nach aufschneiden.

2 Einen Topf mit Wasser füllen. Darin kochen die Bananen bedeckt und samt Zimtstangen so lange, bis sich die Schale von den Bananen ablöst. Die Bananen entnehmen sowie in einer Schüssel zerdrücken. Die Masse mit der Milch aufgießen und alles gut verrühren.

3 Im Topf werden 2 Liter Wasser mit der Bananenmilch vermischt und anschließend aufgekocht. Wenn der Inhalt kocht, wird der Topf vom Herd genommen.

SPIRULINA GREEN SMOOTHIE (GRÜNER SMOOTHIE MIT SPIRULINA)

 2 Port.

 10 Min.

 Leicht

Zutaten:

100 g Spinat (oder Grünkohl)
375 ml Pflanzenmilch
1 große Banane
½ Avocado
1 TL Spirulina-Pulver
1 TL Leinsamen (gemahlen)

Küchenutensilien:

1 Standmixer

Nährwerte p. P.

460 kcal
20 g Kohlenhydrate
5 g Eiweiß
40 g Fett

1 Spinat waschen, trocknen sowie die Blätter grob zerschneiden. Banane schälen und grob zerkleinern. Avocado vom Stein trennen, das Fruchtfleisch ausschaben.

2 Im Standmixer werden alle Zutaten bis auf das Spirulina-Pulver miteinander vermischt. Jetzt das Pulver hinzufügen und nochmals mixen (das Festkleben des Pulvers am Boden wird somit vermieden). Das Getränk gehört für einige Minuten in den Kühlschrank.

Soßen, Cremes & Dips

Für den richtigen Kick bei Salat, Fingerfood oder der größeren Speise sorgen die geschmackvollen Soßen und Dips. Mitunter dienen sie als Grundlage, manchmal als Highlight. Sie sind so vielseitig verwendbar, dass sich ein entsprechender Vorrat im Haushalt anbietet. Eine Zubereitung schenkt indes gleich Ressourcen für mehrere Speisen. Sie sind so schön einfach herzustellen, da bedarf es wirklich keiner Fertigprodukte aus dem Handel.

TOMATO HERB VINAIGRETTE (TOMATEN-KRÄUTER-VINAIGRETTE)

12 Port.

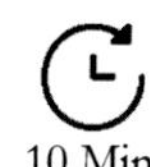
10 Min.

Leicht

Zutaten:

100 g Tomaten (getrocknet und in Öl eingelegt)
2 EL Zitronensaft
1 EL Basilikum (frisch gehackt)
1 EL rote Zwiebel (gehackt)
1 EL Oregano (getrocknet)
1 TL Honig
1 Prise Pfeffer

Küchenutensilien:

1 Schüssel
1 Sieb
1 Standmixer

Nährwerte p. P.

28 kcal
3 g Kohlenhydrate
1 g Eiweiß
1 g Fett

1 Tomaten über einer Schüssel im Sieb abseihen. Das Tomatenöl wird noch benötigt.

2 Im Mixer werden die Tomaten zerkleinert. Dann Zitronensaft sowie das zur Seite gestellte Öl eingießen. Es muss eine homogene Flüssigkeit entstehen.

3 Abschließend werden die restlichen Zutaten unter die Flüssigkeit gerührt.

ITAL-TOMATENSOẞE

12 Port.

40 Min.

Leicht

Zutaten:

500 g Tomaten
1 Zwiebel
1 grüne Peperoni
2 EL Mehl
2 EL Kokosbutter
½ TL Zitronensaft

Küchenutensilien:

2 Töpfe
1 Sieb

Nährwerte p. P.

32 kcal
2 g Kohlenhydrate
1 g Eiweiß
3 g Fett

1 Tomaten waschen, schälen und klein schneiden. Im Topf kochen sie für circa 20 Minuten im eigenen Saft. Dazu werden der Zitronensaft und nur bei Bedarf etwas Wasser gegeben.

2 Zwiebel schälen sowie zu feinen Ringen verarbeiten. Peperoni waschen, von Stiel und Kernen befreien sowie zu kleinen Stücken schneiden. Jetzt werden die Zwiebelringe beigemengt. Das Ganze kocht weitere 10 Minuten. Im zweiten Topf wird derweil die Butter zerlassen.

3 Das Mehl in den Topf mit der flüssigen Butter sieben und den Inhalt bei niedriger Temperatur gut vermischen. Die Tomatenmischung angießen und alles finale 2 Minuten kochen. Vor dem Servieren wird die Soße durch das Sieb passiert. Da-nach werden die Peperonistücke untergemischt.

TAMARIND VINAIGRETTE

 12 Port.

 40 Min.

 Leicht

Zutaten:

200 ml Tamarindensaft
50 ml Olivenöl
2 EL Zitronensaft (oder Balsamico, Rotweinessig)
1 TL frische Petersilie
½ TL Honig (oder 1 TL Vollrohrzucker)
1 Prise schwarzer Pfeffer

Küchenutensilien:

1 Schüssel
1 Sieb
1 Standmixer

Nährwerte p. P.

57 kcal
5 g Kohlenhydrate
1 g Eiweiß
5 g Fett

1 Tamarinden aus ihren Schoten herauslösen. Sie werden in einer Schüssel mit heißem Wasser für 30 Minuten eingelegt. Fruchtfleisch aus den Tamarinden drücken. Über ein feines Sieb gestrichen, ergibt sich ein feines Püree mit ein wenig Saft.

2 Nun werden alle Zutaten im Mixer gemischt. Es sollte kühl lagern und lässt sich perfekt für Salate verwenden.

SPICY GUACAMOLE (WÜRZIGE GUACAMOLE)

12 Port.

15 Min.

Leicht

Zutaten:

2 reife Avocados
½ weiße Zwiebel
1 Scotch Bonnet
1 Tomate
3 EL Koriander
2 EL Limettensaft (oder Zitronensaft)
2 EL Kokosjoghurt
1 EL Olivenöl
1 Prise Pfeffer

Küchenutensilien:

1 Standmixer
1 Schüssel

Nährwerte p. P.

92 kcal
1 g Kohlenhydrate
1 g Eiweiß
10 g Fett

1 Avocados vom Stein trennen und das Fleisch würfeln. Chili waschen, entkernen und fein hacken. Zwiebel schälen sowie fein hacken. Tomate waschen, die Blüte ausschneiden und das Fleisch würfeln. Koriander waschen, trocken schütteln und fein hacken.

2 Im Standmixer werden nun Avocado, Chili, Tomate, Zwiebel und Limettensaft fein püriert. Der Dip soll leicht cremig sein.

3 Anschließend werden der Kokosjoghurt und der Koriander in einer Schüssel miteinander vermischt. Jetzt darf mit Pfeffer abgeschmeckt werden. Am Ende wird ein wenig Öl obenauf geträufelt.

Tipp: Wenn eine Variante mit größeren Stücken gewünscht ist, dann wird vor dem Mixen ein Viertel der Avocadostücke zur Seite gelegt. Sie werden nochmals kleiner geschnitten und vor dem Servieren untergemischt.

CHEESY CALLALOO DIP (KÄSE-KOHL-DIP)

16 Port.

35 Min.

Leicht

Zutaten:

400 g veganer Mozzarella
140 g Kokosjoghurt
2 Knoblauchzehen
1 Bund Callaloo
1 TL schwarzer Pfeffer

Küchenutensilien:

1 Standmixer
1 Ofenform
Backofen

1 Backofen auf 200 Grad Celsius Ober-/Unterhitze aufheizen. Knoblauch schälen sowie hacken. Callaloo waschen, trocknen und hacken.

2 Im Standmixer werden sämtliche Zutaten bis auf ein Drittel des Käses püriert.

3 Die Ofenform wird folglich mit dem Püree gefüllt. Darauf wird der restliche Käse verteilt. Im Ofen backt der Dip circa 20-25 Minuten lang.

Nährwerte p. P.

92 kcal
2 g Kohlenhydrate
8 g Eiweiß
6 g Fett

SEASONING MARINADE (MARINADE)

12 Port. 10 Min. Leicht

Zutaten:

100 g Pimentbeeren
100 g Vollrohrzucker
6 Knoblauchzehen
4 Scotch Bonnet
2 Frühlingszwiebeln
2 EL Sojasoße
1 EL Thymian (gemahlen) oder 2 EL Thymianblätter
1 TL Zimt
½ TL Muskat (frisch gerieben)

Küchenutensilien:

1 Standmixer
1 Glas à 250 ml

Nährwerte p. P.

38 kcal
9 g Kohlenhydrate
1 g Eiweiß
1 g Fett

1 Piment im Mörser zermahlen. Knoblauch schälen und fein hacken. Frühlings-zwiebeln putzen und sehr dünn schneiden. Chili waschen, halbieren sowie von den Kernen befreien. Sie wird anschließend ganz fein gehackt.

2 Die gesamten Zutaten werden folglich im Standmixer zerkleinert. Das Glas heiß ausspülen sowie abtrocknen. Die Marinade wird dort hineingefüllt und bedarf der Lagerung im Kühlschrank.

VEGAN MAYO (VEGANE MAYO)

8 Port.

10 Min.

Leicht

Zutaten:

125 ml Sojamilch (ungesüßt)
125 ml Sonnenblumenöl (oder Rapsöl)
1 EL Zitronensaft (oder Weißwein-Essig)
1 TL Senf (mittelscharf)

Küchenutensilien:

1 Standmixer

1 Als Erstes werden Milch sowie Senf im Mixer glatt püriert.

2 Auf der höchsten Stufe rotiert der Mixer nun weiter. Dabei wird das Öl langsam angegossen. Es wird so lange gemixt, bis eine cremige Konsistenz entsteht.

3 Nun erst wird mit dem Zitronensaft abgeschmeckt.

Nährwerte p. P.

134 kcal
1 g Kohlenhydrate
1 g Eiweiß
15 g Fett

Tipp: Die Mayo lässt sich spielend einfach variieren. Dann müssen einfach nur klein geschnittene Früchte, Gemüsesorten oder Gewürze beigemengt werden. Optional darf es auch 1 EL Agavendicksaft sein.

BBQ-SOẞE

12 Port.

30 Min.

Leicht

Zutaten:

400 ml Gemüsebrühe (ungesalzen)
175 ml Tomatenmark
2 Zwiebeln
Saft ½ Limette
4 EL Avocadoöl

Küchenutensilien:

1 Kochtopf

Nährwerte p. P.

65 kcal
3 g Kohlenhydrate
1 g Eiweiß
6 g Fett

1 Zwiebeln schälen sowie zu feinen Stücken hacken. Im Topf werden 1 EL Öl mit den Zwiebelstücken erhitzt. Sie braten richtig braun an. Danach werden die Hälfte des Tomatenmarkes und die Hälfte der Gemüsebrühe angegossen.

2 Das Ganze kocht bei hoher Temperatur etwa 10 Minuten ein. Danach landet das übrige Tomatenmark mit der restlichen Brühe und einem weiteren EL Öl im Topf. Nun wird der Saft angegossen. Die Soße sollte in weiteren 20 Minuten ideal ein-kochen. Mit dem verbleibenden Öl wird die gewünschte Konsistenz erzielt.

CHILI PLANTAIN HUMMUS (CHILI-KOCHBANANEN-HUMMUS)

12 Port.

10 Min.

Leicht

Zutaten:

350 g Kichererbsen
60 ml Olivenöl
4 Knoblauchzehen
2 Kochbananen
1 Scotch Bonnet
Saft ½ Zitrone
2 EL Tahini
1 TL schwarzer Pfeffer

Küchenutensilien:

1 Sieb
1 Standmixer

Nährwerte p. P.

75 kcal
4 g Kohlenhydrate
2 g Eiweiß
6 g Fett

1 Kochbananen schälen und in kleine Stücke schneiden. Erbsen abspülen sowie im Sieb abtropfen. Das Wasser aus der Dose auffangen. Den Knoblauch schälen sowie leicht andrücken.

2 Sämtliche Zutaten landen jetzt im Standmixer. Das Ganze wird in 3-5 Minuten glatt püriert. Sollte die Konsistenz zu dick werden, kann das Wasser aus der Dose angegossen werden. Serviert passt der Hummus perfekt zu Brot oder gegrilltem Gemüse.

CREAMY VEGAN MAYO SAUCE (CREMIGE VEGANE MAYO-SOßE)

12 Port.

5 Min.

Leicht

Zutaten:

250 ml vegane Mayonnaise
3 EL Sriracha-Chili-Soße
2 EL Zitronensaft
1 EL Ahornsirup (oder Agavensüßstoff)
½ TL schwarzer Pfeffer

Küchenutensilien:

1 Schüssel

Nährwerte p. P.

31 kcal
5 g Kohlenhydrate
1 g Eiweiß
2 g Fett

1 In einer Schüssel werden die Chilisoße sowie die Mayonnaise miteinander verrührt.

2 Nun werden die restlichen Zutaten untergehoben. Die Mischung sollte gründlich verrührt werden.